HISTOIRE
DE LA VILLE ET DU CHATEAU
DE HAM

HISTOIRE POPULAIRE

DE LA VILLE ET DU CHATEAU

DE HAM

PAR

ELIE FLEURY ET ERNEST DANICOURT.

HAM

E. QUENTIN, Imprimeur-Libraire, 9, rue de Chauny

1881

AVANT-PROPOS.

Notre but en écrivant cet ouvrage qui ne fera pas oublier les travaux consciencieux publiés sur le même sujet, a été de faire œuvre de vulgarisation, d'écrire un livre de facile lecture, sans abandonner cependant l'histoire pour la légende et sans négliger jamais de soumettre les faits à une rigoureuse critique.

Les notices sur *Ham* sont ou très sommaires, ou intéressantes pour les seuls archéologues ; toutes d'ailleurs sont devenues presque introuvables, et les nombreux visiteurs du *Fort* ainsi que les curieux d'histoire locale réclamaient depuis longtemps une nouvelle monographie de la ville et du château de *Ham*.

Nous avons voulu dépeindre la physionomie actuelle de notre petite cité, décrire ses monuments anciens et modernes, raconter les événements principaux qui s'y sont accomplis dans le cours des siècles, faire revivre les hommes illustres qui y sont nés ou qui ont été renfermés dans son antique forteresse. L'histoire de Ham mérite d'être connue et étudiée, car cette ancienne et forte cité picarde a eu sa part de souffrances dans le long enfantement de l'unité française ; aussi les événements dont elle fut le théâtre ne devraient être ignorés d'aucun de ses enfants. Tout est souvenir dans nos vieilles villes et, glorieux ou douloureux, tout souvenir est un enseignement.

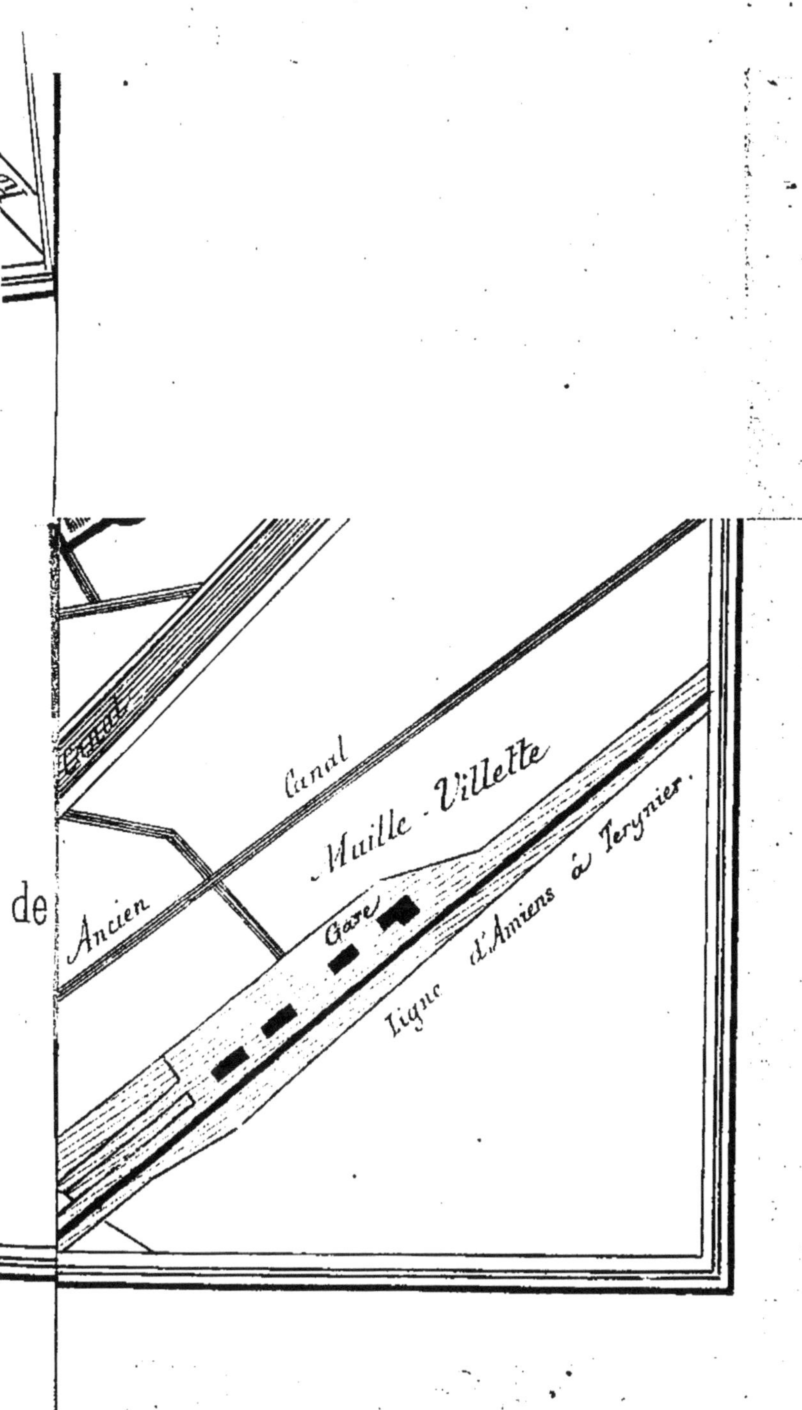

Canal
de
Ancien
Canal
Muille - Villette
Gare
Ligne d'Amiens à Tergnier.

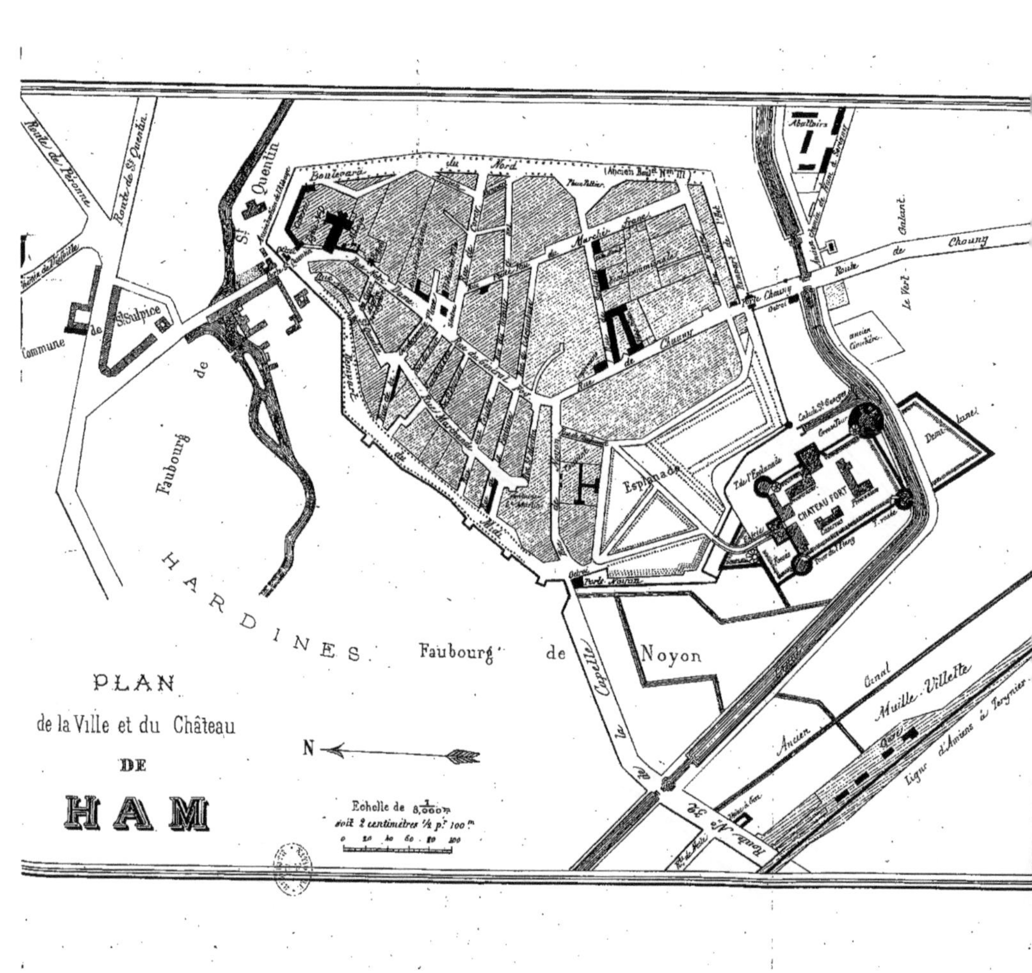
PLAN
de la Ville et du Château
DE
HAM
Echelle de 1/5,000
soit 2 centimètres 1/2 p. 100m
Faubourg de Noyon
Faubourg de St Quentin
HARDINES
CHATEAU FORT
Esplanade
Route de Chauny
Abattoirs
Commune de St Sulpice
Route de Péronne
Route de St Quentin
Ancien Canal
Route No 32
Demi-lune
Porte Noyon
Porte Chauny
Ancien Cimetière
Boulevard du Nord

HAM MODERNE

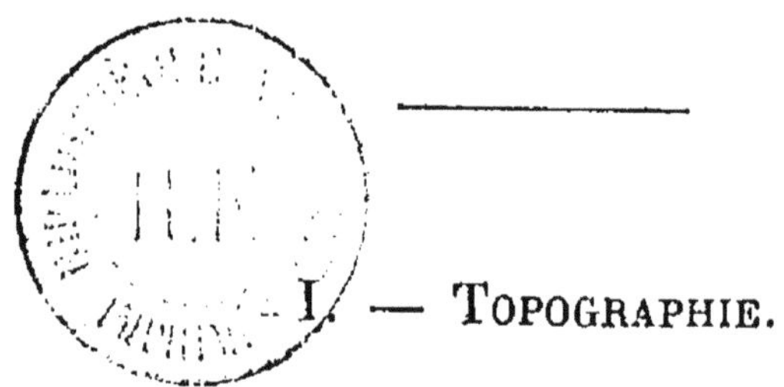

I. — TOPOGRAPHIE.

La ville de Ham est située sur la limite du département de la Somme, à quelques kilomètres de l'Oise et de l'Aisne, à l'extrémité orientale de l'arrondissement de Péronne. Son activité intelligente, son commerce, son industrie et aussi ses souvenirs historiques en font une petite cité florissante et curieuse à visiter.

A peine le voyageur que le chemin de fer amène à Ham a-t-il traversé le pont du canal de la Somme qu'il se trouve devant le château-fort ; la *rue de Noyon* le conduit au cœur de la ville. Là, cette rue se divise en deux grandes artères : la *rue de Chauny*, dont le nom indique suffisamment la direction, et la *Grande Rue* qui mène à la *Place*.

L'aspect de cette place étroite, irrégulière, était un peu triste. Il est transformé par l'ouverture de vastes magasins et le sera plus complètement encore lorsque, en face du nouvel Hôtel-de-ville, en voie de construction, se dressera la statue du général Foy, le plus illustre des enfants de Ham.

De toutes parts aboutissent à ce centre de la ville des rues étroites et mal tracées ; de quelque côté du reste que l'on entre à Ham l'œil s'égare dans des ruelles tortueuses, communes à toutes les villes du nord de la France longtemps rétrécies dans leurs ceintures de fortifications, aujourd'hui démantelées pour la plupart.

Au Nord et au Midi la ville est bornée par deux boulevards établis, à peu de chose près, sur l'emplacement des anciens remparts.

Le *boulevard du Nord*, appelé primitivement *boulevard Napoléon III*, en souvenir des 10,000 francs donnés par ce souverain pour sa formation, va de la *porte de Saint-Quentin* au canal de la Somme ; on remarque sur son parcours la caserne de Saint-Quentin, le chevet de l'église Notre-Dame et la crypte, de belles habitations, un joli parc, propriété d'une riche famille hamoise.

Le *boulevard du Midi* est établi entièrement sur les anciennes fortifications dont les murailles ont été conservées de ce côté. Nivelé en 1874 et élargi de manière à permettre le passage des voitures, c'est aujourd'hui l'un des quartiers les plus vivants de la ville. Au bas de ce rempart s'ouvre une large vallée remplie de nombreux potagers, de jardins d'agrément, soigneusement entretenus et offrant un coup d'œil assez pittoresque.

La ville est bornée au sud-est par l'*Esplanade du Château* qui sert de champ de manœuvres à la garnison et de champ de foire aux mois de mai et de septembre.

Bornée à l'est par le *Canal*, la ville présente de ce côté un aspect également pittoresque. Car si l'on s'arrête sur le pont de Chauny, l'on voit la *Tour du Connétable* surgir du milieu des eaux, dans toute sa force et toute sa majesté.

Entourée d'un côté, comme d'une ceinture, par les eaux du canal, la ville est baignée de l'autre par celles de la Somme qui la sépare d'Estouilly et de Saint-Sulpice, communes situées au nord-est et au nord-ouest de Ham.

Nous avons nommé *Saint-Sulpice*: ce faubourg faisait autrefois partie de la commune de Ham et formait l'une de ses paroisses. Avec son enceinte fortifiée, ses tours, ses ponts-levis, il était un point d'appui pour la défense de la ville. Quoiqu'il ait conquis son autonomie au point de vue municipal, il est encore considéré comme une dépendance de Ham.

Lorsque l'on jette un coup d'œil sur d'anciennes vues de Ham, on est frappé des changements qui s'y sont opérés depuis un siècle et surtout depuis vingt-cinq ans.

Des quatre églises dominant la cité une seule est restée debout ; à cette enceinte de murailles, flanquée de bastions, qui ne s'interrompait qu'en trois points, ont succédé de larges boulevards ; les rues se sont prolongées, et ont rejoint les faubourgs.

Au lieu de l'ancienne place de guerre, tant de fois prise et reprise, où les hôtelleries étaient si nombreuses à cause des passages de troupes et du roulage considérable qui s'y faisait, c'est une ville moderne où de tous côtés s'élèvent ce qu'on a appelé ingénieusement les obélisques de l'industrie.

L'originalité s'en est enfuie : il y aurait cependant mauvaise grâce à s'en plaindre.

II. — État ecclésiastique. — Population, etc.

Les mémoires du Vermandois nous apprennent que le doyenné de Ham, qui dépendait de Noyon, comprenait une abbaye, quatre prieurés, quatre maisons religieuses, trente-six paroisses, dont sept régulières, deux succursales, une chapellenie claustrale, cinq autres réunies et trente-six hameaux dépendant des paroisses.

Actuellement le doyenné comprend deux cures (Ham et Athies) et treize succursales.

La population paroissiale est de quatre mille âmes, y compris la garnison, et le ministère est exercé par un curé-doyen, assisté de deux vicaires.

La population urbaine qui, d'après le mémoire de Sanson, s'élevait à 1,400 âmes en 1698, a doublé en moins de deux siècles, comme l'atteste le recensement de 1876 :

Sexe masculin	Garçons. . . .	659
	Hommes mariés .	606
	Veufs.	57
Sexe féminin	Filles.	647
	Femmes. . . .	607
	Veuves	182
	Ensemble.	2,758

Maisons habitées	573
Ménages	797

Voici le mouvement de la population dans cette même année :

Naissances . . .	49
Mariages. . . .	16
Décès.	70

Le caractère des hamois a naturellement bien changé depuis que les villes de province, par la facilité des communications et le développement industriel, ont perdu leur cachet typique.

Voici ce qu'il était il y a un siècle :

« La température plutôt froide que chaude, dit le registre des mercuriales de Ham, les marais qui environnent la ville influent sur le caractère moral, physique et industriel des habitants.

« Les hommes quoique forts et vigoureux y sont d'un tempérament bilieux et flegmatique ; ils sont naturellement bons, hospitaliers, froids, peu entreprenants, attachés à d'anciennes routines sans chercher à innover sur ce qu'ont fait leurs ancêtres. Ils sont du reste laborieux, opiniâtres au travail, attachés au gouvernement qui leur procure la tranquillité. »

Les revenus communaux ont quelque peu augmenté depuis l'année 1568, où l'argentier présentait aux autorités le compte des recettes s'élevant à 830 livres 18 sols.

Ils sont aujourd'hui de 46,398 francs.

Le territoire de la commune est restreint : 248 hectares seulement.

Le canton dont Ham est le chef-lieu comprend 21 communes, (*) 14,194 hectares et 13,631 habitants.

(*) Ces 21 communes sont les suivantes : Athies.

C'est un des plus fertiles de France. Il dépend comme juridiction civile, commerciale et administrative du tribunal civil de Péronne, de la cour d'appel d'Amiens et du conseil de préfecture de la Somme.

Quant à l'agglomération hamoise, elle compte à elle seule près de 5,000 habitants.

Le commerce y est considérable : il s'y traite pour plus de 300 millions d'affaires par an ; on y trouve quatre fabriques produisant quatre millions de kilogrammes de sucre, une grande distillerie, deux huileries, des moulins, des ateliers de construction, des fonderies, des fermes importantes, etc., etc.

III. — Commerce et Industrie.

Pendant des siècles, l'Abbaye et le Château ont fait toute la prospérité et toute la force de Ham (*) ; de nos jours la première n'existe plus qu'à l'état de débris et le second à l'état de monument historique.

Mais l'agriculture, l'industrie, le commerce, rapidement développés, ont ouvert dans le pays de nouvelles sources de richesse : l'agriculture qui produit, l'industrie qui exploite, le commerce qui échange.

Dès lors on comprendra que le canton de

Brouchy, Croix, Devise, Douilly, Ennemain, Eppeville, Esmery-Hallon, Estouilly, Ham, Matigny, Monchy-Lagache, Muille-Villette, Offoy, Quivières, Saint-Sulpice, Sancourt, Tertry, Ugny-l'Equipée, Villecourt, Y.

(*) Ainsi que l'affirme le vieux proverbe picard : *Sans s'ch'Catieu et s'n'Abbaye Hin n's'roit que du b...*

Ham, étant le plus fertile du département, l'industrie et le commerce y soient florissants.

Les principales productions du sol sont les céréales, les graines oléagineuses, et surtout la betterave. L'exploitation de la betterave a donné à l'industrie saccharine une extension telle que tout semble y converger.

Voilà ce qui explique le nombre des usines et des ateliers de construction, l'existence de deux banques ; l'énorme quantité de droits perçus par le gouvernement sur les sucres et les eaux-de-vie, les recettes abondantes de la gare, des octrois et du bureau de la navigation.

Le creusement du canal de la Somme, reliant la rivière de ce nom à l'Oise et à l'Escaut, ouvrit de nouveaux débouchés au commerce, créa de nouvelles relations qui secondèrent singulièrement le mouvement de l'industrie en notre pays. Si le *Port* de Ham n'est pas à proprement parler le centre de la navigation, c'est que les expéditions et arrivages s'opèrent sur plusieurs points à la fois.

Une seule chose a pu enlever à la navigation de son importance, en déplaçant le mouvement commercial de notre région : ce fut l'établissement d'une voie ferrée.

La *Gare* de Ham inaugurée le 7 janvier 1867, station de 2e classe du chemin de fer de Rouen à Reims, bien que de piètre apparence, est la plus importante du parcours de Rouen à Laon, Amiens excepté.

Les transports en provenance ou en destination consistent principalement en sucres bruts et spiritueux ; en blés, céréales, farines, graines et engrais ; en fers, fontes, houille et autres combustibles ; en laines et cotons, huiles et épiceries ; en matériaux et bois de construction, etc.

Le total des produits de l'année 1877, tant pour les voyageurs que pour les marchandises dépasse 310,000 francs, impôts déduits (*).

Un progrès en appelle un autre ; une *usine à gaz* se fonda par actions et fut inaugurée en 1867 ; l'année précédente un *bureau télégraphique* avait été installé à Ham et M. Quentin avait créé une succursale de son *imprimerie* de Péronne.

IV. — Établissements publics.

Hôtel-de-Ville. — L'Hôtel-de-Ville est situé au centre de la ville, sur la Grand'Place. Il a été rebâti un peu avant 1789 et provient du duc d'Orléans à qui appartenait aussi le château de Ham. Il ne tardera pas à disparaître ; les antiquaires n'y perdront aucun souvenir historique et la place principale de la ville y gagnera. Au mois de septembre 1877 nous avons vu poser la première pierre du nouveau monument, au milieu d'un concours considérable et sous les plus favorables auspices. Bientôt achevé, nous l'espérons, il réunira dans son enceinte tous les

---

(*) Recettes, pour l'année 1877 :

Des contributions indirectes	344,000 fr.
De la gare	310,000 »
Des octrois.	25,000 »
De l'abattoir	2,500 »
De la navigation	4,500 »

Ce dernier chiffre ne donne pas une idée suffisante, les droits des marchandises étant perçus ailleurs.

services de l'administration municipale, le prétoire, la caisse d'épargne, le bureau télégraphique, un musée, une bibliothèque, etc.

Statue du général Foy. — La patriotique pensée d'ériger une statue au grand orateur de la Restauration vînt souvent à l'esprit des hamois, mais la réalisation n'en fut jamais jugée possible. Enfin, en 1871, le Conseil municipal décida à l'unanimité l'ouverture d'une souscription et en février 1872, un décret signé par M. Thiers, approuvait le projet d'érection du monument. La souscription, vivement appuyée par la presse parisienne, s'ouvrit en 1875 et produisit, avec le concours de la famille du général, une somme plus que suffisante. Le gouvernement offrit le bronze et M. Hiolle fut chargé de l'exécution de la statue. Au moment ou nous écrivons, l'œuvre de M. Hiolle se trouve au salon de 1878 ; on ne peut donc pas se rendre compte de l'effet qu'elle produira sur la place de Ham. Si nous la jugeons en elle-même, cette statue est un excellent ouvrage. Il fallait indiquer le double caractère du guerrier et de l'orateur : nous ne pensons pas que Foy ait jamais abordé la tribune en uniforme ; cependant l'artiste s'autorisant des convenances spéciales de la statuaire a représenté Foy, en costume de général, et disant cette phrase restée célèbre : « *Il y a de l'écho en France quand on prononce ici les mots d'honneur et de patrie.* » Un manteau corrige la sècheresse excessive des lignes du vêtement et enlève ainsi au profil de la statue la maigreur qui se remarque dans un grand nombre de représentations en bronze de nos célébrités militaires.

La tête du général, ardente, inspirée, fortement caractérisée, comme l'a écrit M. Thiers, est parfaitement rendue.

La ville de Ham est donc en possession d'une œuvre d'art sérieuse et digne de l'homme illustre qu'elle a vu naître.

Œuvres de bienfaisance.

Hôtel Dieu. — L'Hôtel-Dieu, que l'on fait remonter au treizième siècle, se compose de plusieurs bâtiments importants, construits à différentes époques, depuis le grand incendie de 1676 qui détruisit presque toutes les maisons de la paroisse Saint-Martin.

Fondé par les seigneurs, les abbés, les maires et les jurés de la commune, l'hospice de Ham fut ensuite doté par Marie de Luxembourg ; il s'enrichit successivement des biens de la maladrerie de Saint-Jean, située sur le chemin de Brouchy, du tiers de ceux de la maladrerie de Frières-Faillouël et enfin des possessions de Fonchette dont la réunion fut ordonnée par Louis XIV.

La disparition de la lèpre avait dû amener la suppression d'un grand nombre de maladreries et une réforme dans le régime des hôpitaux. par suite de la désunion des biens de l'ordre de Saint-Lazare : ce fut au profit de certains hospices, entre autres de celui de Ham. L'édit du grand roi s'appuie du reste sur l'obligation où était l'Hôtel-Dieu de Ham, malgré ses ressources insuffisantes, de loger et soigner les soldats de passage. Les mêmes motifs et les mêmes titres plaident la cause de l'hospice de Ham envers et contre les partisans de la désunion.

Les revenus de cet établissement charitable dépassent aujourd'hui 30,000 francs. Il est desservi, depuis 1716, par huit sœurs de charité ; il l'avait été précédemment par des sœurs séculières hospitalières.

L'administration temporelle a varié, ici comme ailleurs, dans le cours des siècles. Le mode en est maintenant fixé par les ordonnances des 31 octobre 1821, et 6 janvier 1830.

Les bâtiments n'offrent rien qui mérite d'être signalé. La chapelle se recommande par son vocable qui rappelle l'existence au treizième siècle de la *Chapellenie* et de l'*Hôtellerie de Saint Nicolas.*

L'hospice a été augmenté, en 1840, d'un ORPHELINAT de jeunes filles, créé par Mesdemoiselles Bouzier d'Estouilly, Menet et Masson (*).

Le BUREAU DE BIENFAISANCE fondé en 1679, tient ses réunions dans une des salles de l'Hôtel-Dieu ; ses revenus excèdent 8,000 francs.

L'association des DAMES DE CHARITÉ qui se réunissent tous les mardis, à l'effet de travailler pour les pauvres et qui distribuent une partie des aumônes recueillies à domicile par les membres du Conseil municipal, complète l'œuvre de bienfaisance de la ville de Ham.

ÉCOLES.

LA PROVIDENCE. — Cet établissement, situé entre la rue de Noyon et l'Esplanade, occupe

(*) Un orphelinat de jeunes garçons est en voie de formation, mais malheureusement ses ressources insuffisantes ne lui permettent de recevoir que 4 ou 5 pensionnaires.

l'emplacement de la maison fondée en 1678, par Jeanne Malin, religieuse de Port-Royal, née à Ham, et qui, en butte aux persécutions du fameux Nicole qu'aveuglaient d'injustes préventions, fut reléguée, sous un secret exclusif, aux Annonciades de Meulan.

Donnée en 1718 aux Agnétines de Péronne, la Providence fut, en 1749, abandonnée par elles à la fabrique de l'église Saint-Martin; confiée par la fabrique aux sœurs Clarisses de la Providence que la révolution dispersa, elle servit de lieu de rendez-vous aux clubs et fut réclamée par les habitants de Ham pour cause d'utilité publique, ce qui en empêcha la vente.

Après avoir été successivement occupée par un instituteur communal jusqu'en 1826 et par les religieuses de Notre-Dame de 1826 à 1833, elle fut confiée aux Dames du Saint-Enfant-Jésus, dites de *Saint-Maur*.

Cette maison que l'on désigne communément sous le nom de *Couvent* est répartie en trois catégories: Le pensionnat, l'externat, pour la bourgeoisie et l'*école communale* des jeunes filles.

La ville qui en a été propriétaire jusqu'en ces derniers temps, a fait construire la chapelle en 1838 et l'entrée principale en 1853.

Le Couvent est devenu depuis deux ans propriété de l'Institut du Saint-Enfant-Jésus.

L'École communale des garçons dirigée d'abord par un instituteur laïque, a été confiée, en 1857, sous l'impulsion de M. Jacob, curé-doyen de Ham, aux Frères des *Écoles chrétiennes*. Les succès obtenus dans les concours cantonnaux prouvent l'excellence de cet enseignement populaire. Les bâtiments, propriété de la ville, furent construits en 1844. (*)

Ham, ville industrielle, compte beaucoup d'ouvriers dont les enfants ne pourraient guère recevoir l'éducation des premiers ans. Répondant à ce besoin, la Salle d'asile n'a cessé depuis 1856, époque de sa création, de répandre les premières notions de l'instruction et de la morale chez les cent cinquante enfants, au-dessous de sept ans, qui la fréquentent assidûment. Elle est dirigée par deux sœurs de Saint Vincent de Paul.

Quelques autres Établissements publics.

Cimetière. — Pendant la Révolution les églises paroissiales de Ham furent vendues ainsi que les cimetières adjacents. A partir de 1795 les inhumations eurent lieu dans un terrain, voisin de la porte de Chauny, à la distance d'un jet de pierre de la Grosse Tour, terrain en partie vague, en partie pris aux domaines du génie et fort mal choisi d'ailleurs.

Une décision ministérielle interdisant toute inhumation sur les domaines de la guerre vînt obliger l'administration communale à faire l'acquisition d'une pièce de terre, appartenant aux hospices, pour y établir un cimetière nouveau. (**) Ce champ de repos, régulièrement tracé, était embelli par de magnifiques allées de

---

(*) Il existe, en outre, une institution libre, importante pour une petite localité.

Elle est dirigée par M. E. Tonneau, officier d'académie.

(**) La dépense totale s'éleva à 23,000 francs.

sapins que la tempête du 12 Mars 1876 a renversés.

Immédiatement à gauche de l'entrée on aperçoit la tombe de Vital-Honoré Tirmarche, curé-doyen de Ham, aumonier de la cour de Napoléon III, évêque d'Adras, commandeur de l'ordre de la légion d'honneur; et sur la même ligne, le monument érigé à la mémoire des soldats français, tués à la prise de Ham, lors de la dernière guerre.

En voici l'inscription :

LA VILLE DE HAM A L'ARMÉE DU NORD.
COMBAT DU 9 DÉCEMBRE 1870
CAPITULATION DE LA GARNISON PRUSSIENNE
A LA MÉMOIRE DES SOLDATS MORTS
POUR LA DÉFENSE NATIONALE.

CASERNE. — Le fort, occupé en grande partie par les prisonniers d'Etat, ne contenait qu'une portion de la garnison : le reste habitait la caserne *Saint-Quentin*, bâtiment assez spacieux, attenant à l'église et au presbytère actuel. C'était autrefois une dépendance de l'abbaye. Tour-à-tour transformée en magasin et en caserne c'est à ce dernier usage qu'elle est affectée aujourd'hui. Elle peut contenir plus de deux cents hommes.

FONTAINE SAINT-MARTIN. — Cette fontaine est fort ancienne. Son nom lui vient de l'église dont elle était voisine. On en attribue la construction à la princesse Marie de Luxembourg.

L'eau, très saine, sortant d'une source qui n'a jamais tari est reçue dans un bassin, d'où elle s'échappe par un canal bordé de deux quais couverts, rendez-vous bruyant des lessiveuses. Le ruisseau, qu'elle forme, nommé le *Barnabin* passe sous le rempart du midi et se jette dans la Somme après avoir traversé les *hardines*. (*)

La Municipalité, soucieuse du bien être des habitants, a fait creuser des puits et installer des pompes qui fournissent de l'eau potable en abondance à tous les quartiers de la ville.

(*) Nom donné communément aux jardins maraîchers de Ham.

HAM HISTORIQUE

I. — Origine de la Ville de Ham. — Les comtes de Vermandois. — La Maison de Ham. — Établissement de la Commune.

La ville de Ham revendique avec raison une origine ancienne.

L'abondance des monuments celtiques dans les environs, la *Pierre qui pousse*, *menhir* de Viefville, qu'une tradition fait tourner chaque année dans la nuit de Noël, les tombes gauloises de Flavy, Dury, Ugny-le-Gay, viennent à l'appui de cette opinion.

Un village gaulois s'élevait donc probablement sur les bords de la Somme, auquel le nom de *ham*, mot appellatif d'habitation en langue celte, est resté par la suite.

Les Romains, vainqueurs de la Gaule, laissèrent dans ces parages d'incontestables témoignages de leur séjour.

A quelque distance de la ville actuelle se trouve un camp de César, dont l'enceinte est assez bien conservée. Sur la tête du camp, éminence faite de terres rapportées, s'élève maintenant l'Eglise du village de Muille-Villette.

Ce fut un de ces camps de passage que les légions, dans leurs marches militaires, élevaient rapidement pour se mettre à l'abri des surprises de l'ennemi.

Après le séjour des Romains dans le Belgium la bourgade gauloise s'agrandit. Bientôt les Francs, nouveaux envahisseurs, s'avancèrent au commencement du cinquième siècle, refoulant les armées qui s'opposaient à leur marche.

Il est probable qu'ils s'établirent dans le village gaulois dont la situation au milieu d'un marais leur parut de facile défense.

En 876, Ham était la capitale d'un petit pays, appelé *le pays hamois* et dépendait de l'évêché de Noyon, dont l'érection en siége épiscopal remonte à 531. Sous Charles-le-Chauve on y battait monnaie.

Lors du second démembrement de l'empire de Charlemagne en 888, Ham faisait partie du comté de Vermandois, un des sept grands états de la France septentrionale.

C'est la première ville que l'on trouve à l'entrée du Vermandois en sortant de l'Ile de France ; aussi son château primitif fut sans doute une de ces *bornières* élevées aux confins de leurs états par les grands vassaux.

Bernard roi d'Italie, bâtard de Pépin, fils de Charlemagne, laissa un fils auquel furent donnés les comtés de Vermandois et de Valois. Herbert Ier, deuxième comte de Vermandois, petit-fils de Bernard, entra dans la conjuration des grands vassaux contre Charles-le-Simple, s'empara de ce malheureux prince qu'il avait attiré dans ses états, et, suivant la tradition, l'enferma à Ham avant de l'envoyer mourir à Péronne. En 932, il se révolta contre Raoul, son suzerain ; Hébrard, frère de Herluin, comte de Montreuil, se rendit maître de Ham.

Mais Herbert rentra dans sa ville pour en sortir bientôt, chassé par les partisans de Raoul. Ham remit des otages et fit serment de fidélité.

En 933 Eudes, fils d'Herbert s'empara de Ham. A la prière de l'Empereur, une trêve intervint entre le vassal et le suzerain et la ville resta aux comtes de Vermandois jusqu'en 986.

La châtellenie de Ham fut alors occupée par Symon souche de l'illustre maison de Ham et fils du comte Eudes.

Dès cette époque il est fait mention de son château.

De 986 à 1374, seize seigneurs se sont succédé dans cette châtellenie.

SYMON, 986 — Yves, 1026-89 — Odon, 1060-89 — Odon II, *pied de loup*, 1108-44 *(a)* — Gérard, 1144-48 — Lanscelin, 1160-90 — Odon III, 1176-1215 — Odon IV, 1216-34 *(b)* — Odon V, 1234-42 — Jean I, 1244 — Jean II *le jeune*, 1244-72 — Jean III *écuyer*, 1275-83 — Odon VI, 1287-1300 — Oudart I, 1308-26 — Oudart II, 1326-47 *(c)* — Jean IV, 1349-74. (*)

(a) Suivit Raoul, son suzerain, au siége de Coucy, contre Thomas de Marle.

(b) Son tombeau et celui d'Isabelle de Béthencourt sa femme existent encore. V. Crypte.

(c) Fit un accord avec les maïeur et jurés de la ville en 1329.

(*) Ces dates sont les dates extrêmes d'actes ou

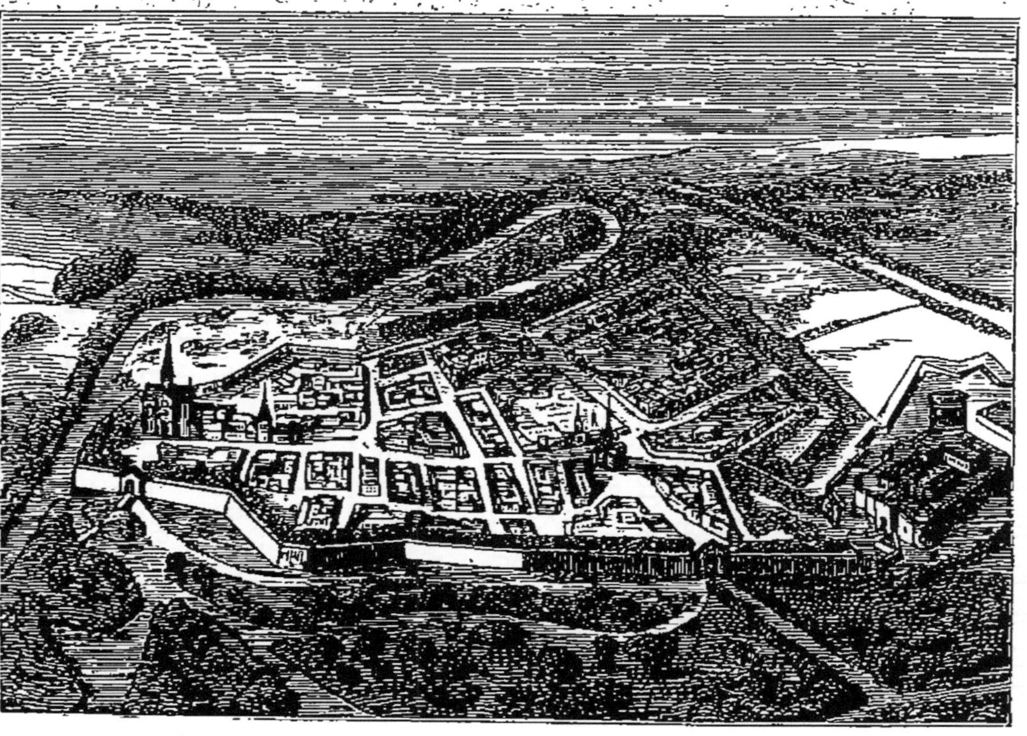

Vue de Ham au XVIIe siècle.

D'après un armorial du XVIe siècle ils portaient : *d'or à trois croissants montants de gueules 2 et 1*.

Les seigneurs de Ham paraissent avoir été gens d'humeur pacifique.

En 1060 Odon I succède à Yves, son père. En 1108 paraît Odon II qui remet entre les mains de Baudry, évêque de Noyon l'église Notre-Dame de Ham, à condition que l'on substituerait aux chanoines séculiers qui la desservaient des chanoines réguliers. Baudry y consentit et appela des religieux de la règle de Saint-Augustin.

La même année, Pascal II érigea cette communauté en abbaye et lui accorda des priviléges qui furent confirmés et augmentés par ses successeurs.

Sous Odon III Ham obtient une charte de commune.

Ce fait est important. Pour en faire saisir toute la gravité, il est nécessaire de jeter un coup d'œil sur l'organisation de la France féodale.

La France doit son existence à deux faits d'une haute nature : le baptême de Clovis qui rendit les Francs les fils aînés de l'église, fit succéder l'ordre au chaos, indiqua un but au peuple naissant, qui, en un mot, substitua à la société romaine la société française ; en second lieu l'établissement des communes, d'où la France moderne est sortie.

Les chefs Francs, après la conquête des Gaules, s'étaient attribué des territoires qui

---

documents dans lesquels les noms de ces seigneurs sont cités.

prirent le nom d'*Allods* et avaient distribué à leurs officiers des bénéfices, ou *fé-ods*.

Clovis qui assura la prédominence des Saliens sur les autres tribus franques eut ses bénéficiaires royaux ou *leudes* dont les obligations envers la royauté étaient sensiblement les mêmes que celles de leurs vassaux envers eux.

Les Gaulois qui conservèrent alors leurs propriétés furent appelés *tributaires*.

Le peuple forma la classe des *serfs*. L'antiquité païenne glorifiait l'esclavage, les mœurs des Germains et la religion changèrent l'esclavage en servage. Le serf n'est pas une chose, c'est un homme attaché à la terre qui doit le nourrir.

Charlemagne eut une idée très nette de la royauté, ses réglementations, parfois excessives, tendirent à un but, l'unité de direction.

Mais ses faibles successeurs ne surent pas faire respecter leur autorité par des barons, souvent plus puissants qu'eux-mêmes et du fameux capitulaire de Kiersy [877] date la révolution féodale.

L'hérédité y est décrétée.

Les barons sûrs de la possession de leurs domaines pour eux et leurs descendants, inféodèrent à leurs fidèles des terres dont ils restaient les suzerains.

Leurs vassaux se créèrent des arrière-vassaux. Autour du château que le seigneur construisit pour se mettre à couvert des entreprises des voisins jaloux, ou des incursions des Normands, se groupèrent des habitations qui formèrent les villes.

La fiscalité romaine est remise en vigueur, le commerce plus florissant qu'on ne se l'imagine généralement est cependant entravé par des impôts nombreux. Le cens, la taille, l'aide pèsent sur le peuple. Mais une révolution grandit dans l'ombre ; la nation en sortira, car la royauté, toujours menacée par ses orgueilleux vassaux, va s'appuyer sur elle.

L'église y aide de tout son pouvoir : elle prêche la paix, elle donne l'exemple d'une admirable unité, elle est la dépositaire de toute autorité morale. Et tout d'un coup quand les bourgeois d'une ville se sentent en force ; ils *font commune* et réclament, soit pacifiquement, soit les armes à la main, un acte juré qui sauvegarde leurs franchises municipales.

Les croisades favorisent ce mouvement ; les seigneurs se précipitèrent en Palestine par foi, par amour du merveilleux et des grands coups de lance ; cela nécessita des dépenses considérables et plus d'une ville acheta son indépendance.

Par cet acte juré une ville devint une association d'hommes, vassale d'un suzerain ; feudataire, elle fut tenue à certaines charges envers lui, qui de son côté dut à sa ville les égards et priviléges des barons envers leurs vassaux.

« Le droit nouveau fut constitué par les coutumes locales, jointes aux anciennes maximes du vieux droit romain qui flottaient dans l'air. » (*).

L'établissement des communes eut surtout en Picardie un grand retentissement.

La commune de Ham s'établit sans doute pacifiquement. Un essai dut en être fait en 1140.

En 1188, les habitants de la ville sollicitèrent la confirmation de leur charte de Philippe d'Alsace, comte de Vermandois.

(*) Lavallée.

Cette charte fut souscrite à Ham par Philippe d'Alsace, par le chatelain Odon III et par Jean, septième abbé de Ham.

CHARTE DE HAM

Au nom du Père et du Fils et du Saint-Esprit, ainsi-soit-il.

C'est une sage et excellente coutume laissée par nos pères pour retenir et conserver d'une manière invariable leurs faits et leurs paroles que de les faire transcrire et reporter dans des Chartes, de peur que, par la longueur du temps ou le renouvellement incessant des hommes que la mort vient frapper, ils ne sortent presque tout à fait de leur mémoire et ne soient plus tenus comme certains dans les temps présents et à venir.

Sachent donc tous présent, et à venir que, de l'accord et du consentement tant des Clers que des Laïcs, cette rédaction a été faite dans les chapitres ci-après pour la conservation et confirmation de la commune et pour l'observation des droits du seigneur; à l'effet que, si par hasard les générations à venir étaient en dissentiment sur quelque point ou si elles avaient des prétentions autres que celles convenues, la lettre même arrêtée du consentement commun leur serve de règle et que la vérité de la loi apparaisse d'une manière éclatante.

Qu'on sache donc que cette commune a été établie à la louange de Dieu et à l'honneur surtout de l'Eglise et qu'elle a été jurée pour le soutien et la défense de toutes les affaires qui les regardent.

C'est pourquoi il a été concédé selon la teneur de la commune de Saint-Quentin et en l'amendant toutefois sur ce point. que si quelqu'un de la commune à été mis en cause devant le seigneur de Ham, celui-ci ne puisse lui imposer, comme amende, le mépris et le déshonneur.

Il a été également concédé qu'aucun homme de la commune ne pourra être arrêté, enlevé ou violenté par le Seigneur du château.

Il est également concédé, qu'après la mort de tout homme et de toute femme, le seigneur ne puisse exiger un droit de main morte.

Si un étranger n'importe d'où il arrive vient à entrer dans la commune, après son affermissement, lui et tous ses biens seront saufs ; mais s'il était l'objet de poursuites antérieures sa cause sera jugée par ceux qui devaient en connaître.

Il est encore accordé que quiconque voudra marier son fils ou sa fille, le pourra sans permission du Seigneur et sans forfaiture aucune.

Si le seigneur intente une action à l'un des habitants de la commune et que celui-ci consente à être jugé par lui, ou bien il lui paiera une amende, ou il se purgera par son serment et sans guerre ; telle est en effet la coutume de plaider, que l'on dit celle du seigneur ; elle appartiendra tant aux chefs que l'on appelle pairs qu'aux autres chevaliers, et, s'il s'élevait entre le seigneur et la commune un dissentiment qui doive nécessiter un jugement, il sera rendu par les pairs du château et par les jurés : le seigneur aura quinzaine pour informer sur le jugement et les bourgeois quarante jours.

Qu'aucun seigneur et qu'aucun officier de justice n'appelle quelqu'un en justice à moins que le demandeur ne soit présent. S'il est présent, qu'il soit légalement averti par les jurés et que celui qui aura été ainsi appelé vienne le lendemain aux plaids avec sa caution, sa cause sera soumise au jugement des jurés. Que si celui qui est en cause veut être assisté par son avocat aux plaids, qu'il lui soit accordé un délai de quinze jours : et qu'il fournisse caution qu'il viendra aux plaids.

Il est pareillement arrêté que si quelqu'un veut poursuivre un marchand ou un étranger, partant soit pour les foires, soit en voyage, il ne puisse retarder lesdits marchands ou étrangers à cause de sa demande, mais que ceux-ci donneront une caution pour se présenter en justice en dedans de la quinzaine et après leur retour ils seront soumis au jugement des jurés.

Si quelqu'un avait reçu un gage et qu'il ne puisse prouver l'avoir justement accepté, il le rendra selon la loi en vigueur. S'il l'avait gardé contrairement à une défense, ce sera considéré comme injure et violence et celui qui viendra avec deux personnes attestant que le gage a été réclamé devant le maïeur de la commune sera considéré comme ayant un droit déraisonnable.

Il a été également arrêté que quiconque de la commune aura possédé pendant un an et un jour tranquillement et sans réclamations, n'aura à répondre à personne à cet égard, si cette possession n'est contraire ni au droit, ni à la loi pour le seigneur et pour la justice, il continuera à posséder en paix.

En quelque lieu que le seigneur atteigne l'homme qui a forfait à ses droits, soit sur ses terres, soit sur ses eaux, soit dans ses bois, il devra le rendre aux maïeurs et aux jurés contre *pléges* et ensuite les pairs du château et les jurés auront à le juger.

Si la commune sort de la ville pour quelque émotion de guerre, que personne ne forfasse à autrui ; s'il avait la présomption de le faire, le maïeur de la commune, du consentement des jurés, tirera vengeance soit sur sa personne, soit sur ses biens, qu'il y ait ou non plainte formée contre lui.

Que personne ne poursuive en dehors de la ville quelqu'un de la commune à cause d'une haine invétérée, qu'il ne le précède pas à sa sortie pour lui tendre des embûches ou lui faire tout autre mal. Sinon il sera tiré vengeance même sans jugement et de lui et de ses deniers.

Si quelqu'un a frappé un homme de la commune jusqu'à effusion de sang et que le blessé en ait porté plainte, la maison de l'agresseur sera abattue sans délai. Si le coup ou le sang n'est point apparent et que le blessé ait deux témoins, l'agresseur se défendra par son serment ou il paiera 15 sols d'amende.

Si quelqu'un a commis un crime qui doive nécessiter la destruction de sa maison que personne ne se permette d'y aller avant l'arrivée du Maïeur et des jurés et lorsqu'ils seront arrivés que personne ne touche cette maison avant que le maïeur de la commune l'ait frappé par trois fois.

Si le maïeur, de l'avis des jurés, a donné un ordre quelconque, que personne ne se permette de le transgresser, en cas de désobéissance que la maison de cet homme soit également abattue.

Lors des plaids tenus par le maïeur et les jurés que personne ne dise des injures à un autre ; celui qui l'aura fait en présence du maïeur et des jurés sera soumis à un châtiment sans qu'il y ait plainte.

Personne de la commune n'aura à payer le droit de tonlieu pour les objets de consommation et de vêtement, les objets d'un prix inférieur à six sols en sont également affranchis, et si quelqu'un reçoit, malgré ces prescriptions, un droit de tonlieu, qu'il en soit fait une réclamation au maïeur, il encourra une peine.

Il est également concédé que tous les hommes de la commune auront le droit de faire leurs mars dans leurs fermes à partir de la Chandeleur jusqu'au milieu d'avril et qu'ils auront également leur mois d'août jusqu'à la fête de tous les saints, et s'ils veulent revenir dans la commune eux et leurs biens seront saufs.

Tout homme de la commune doit sa capitation au seigneur. Si, au jour de l'échéance, ce droit n'est point payé et que le seigneur en ait fait la réclamation en justice, cette capitation sera alors payée suivant les lois alors en vigueur.

Si quelqu'un a forfait à l'un des hommes de la commune et qu'il n'ose venir dans la ville, le seigneur pourra pour une fois lui donner un sauf conduit, pourvu qu'il ne s'agisse pas de guerre mortelle.

Si des chevaliers ou des vassaux sont venus porter secours au seigneur et s'ils ont pu établir qu'ils étaient venus pour secourir le château, qu'ils soient saufs lors de leur arrivée et de leur départ, à moins qu'il ne s'agisse de guerre mortelle.

Si le seigneur est fait prisonnier ; s'il fait son fils chevalier, s'il marie sa fille, les bourgeois devront lui payer vingt livres.

S'il y a procès touchant les conventions de la commune nécessitant un jugement, il sera rendu par le maïeur et par la plus saine portion des jurés.

Si quelqu'un a proféré des injures contre un autre qui a réclamé et qui a deux témoins, il devra cinq sols à la commune et douze deniers au plaignant.

Si quelqu'un qui a payé à la commune l'amende d'une faute fait ensuite une querelle au seigneur ou à son ami et qu'il en arrive quelque mal, il sera tenu comme coupable du premier délit.

Le bourgeois qui a une tenure ne pourra être violenté ni injurié par le seigneur ; mais si une plainte était portée contre lui, il la soumettra au jugement des jurés, comme celle d'un autre bourgeois.

La coutume de la commune de Ham est que quiconque veut en faire partie peut être reçu de plein droit, excepté les hommes des princes qu'on appelle pairs.

Quiconque sera maïeur de la commune ne pourra posséder cette charge à titre d'hérédité.

Si quelqu'un de la commune veut, soit dans ses plaids, soit dans toute autre nécessité majeure, avoir l'assistance du maïeur, celui-ci devra la lui donner sans récompense, et si après le plaid il voulait donner spontanément quelque chose au maïeur, celui-ci pourra l'accepter sans offenser en rien la commune. Que si le bourgeois redemande le même service au maïeur une seconde fois ou plus souvent, sans lui rien donner, ce ne pourra être un motif pour celui-ci de lui refuser son assistance.

De même les jurés ne recevront rien des hommes de la commune pour prix du secours qu'ils leur auront prêté, mais ils viendront dans quelque affaire que ce soit, et ils les aideront de tout leur pouvoir ; s'ils agissaient autrement, ils seraient poursuivis comme parjures.

Il a été également ordonné du consentement commun qu'il y aurait quarante jurés dans la commune de Ham, que si l'un venait à mourir, il en serait élu un autre au choix des plus jeunes.

Donné l'an de l'Incarnation M. C. septante-dix-huit. (*)

(*) Après de patientes recherches, M. Gomart, dont on ne peut taire le nom, dès qu'il s'agit de l'histoire de Ham, a trouvé la copie d'une charte de commune de Ham, en latin ; nous en donnons la traduction. Voir ce

Les hamois firent leur possible pour étendre leurs priviléges et les seigneurs pour les restreindre ; de là, conventions et chartes nouvelles en 1227, 1228, 1328 (*), 1351, 1355.

Odon III s'était croisé. Il dût se distinguer en Palestine car son sceau le représente à cheval avec un écu uni d'abord, ensuite chargé de croissants.

Pourtant en 1205, au siége d'Andrinople, sa retraite précipitée avec vingt-cinq chevaliers, *dont l'histoire se tait par honneur*, fut blâmée.

Odon IV fit, en 1214, foi et hommage au roi pour sa terre de Ham.

Il fit reconstruire le château et creuser les fossés qui l'environnent.

Sous Jean II [1269] Louis IX vint à Ham.

En 1373, la ville fut défendue pendant deux jours contre un coup de main anglais par le sire de Bousiers.

En 1377, Charles IV, empereur d'Allemagne, passa par Ham en visitant la France.

Le 16 Février 1379, le roi Charles V établit par lettres patentes une foire annuelle commençant le 16 Mai, fête de Saint-Vaneng et qui devait durer neuf jours (**)

---

qu'il en dit au chap. III de son ouvrage sur la ville de Ham.

(*) Cette charte de 1328 résume, dit M. Gomart, toutes les conventions faites antérieurement. La copie en existe aux archives de la ville.

(**) Cette foire a lieu tous les ans à la même date, mais ne dure plus qu'un seul jour.

II. — La seigneurie de Ham passe successivement dans les maisons de Coucy, de Bar, d'Orléans, de Luxembourg et de Bourbon-Vendosme.

Jean IV, dernier seigneur de la maison de Ham, n'eut qu'une fille et sa seigneurie fut achetée par Enguerrand VII de Coucy.

Ce seigneur, le plus grand de son illustre race, refusa la charge de connétable à la mort de Duguesclin. On connait sa fière devise :

Je ne suis roi, ne prince, ne comte aussy,
Je suis le sire de Coucy.

La dernière croisade lui fut fatale.

Il laissa deux filles, de deux lits différents. Marie, du premier lit, avait épousé Henri V de Bar ; ce fut elle qui hérita de la plus grande partie des biens de son père. Jeune encore, elle perdit son mari et ne sût pas résister aux séductions du duc d'Orléans, frère du roi Charles VI ; moyennant 400,000 livres elle lui vendit son château et ses immenses domaines, [15 novembre 1400]. D'Orléans n'en paya que la moitié et quelque temps après, la princesse mourut non sans quelque soupçon de poison.

Ces ventes furent en 1409, l'objet d'un procès soutenu par Philippe, duc de Bourgogne, qui avait épousé Isabelle, sœur de Marie.

C'était sous Charles VI, une grande anarchie régnait en France. Les trois derniers grands vassaux, les ducs de Guienne, de Bretagne et de

Bourgogne, sans souci de l'autorité royale administraient leurs états suivant leur bon plaisir. Jean duc de Bourgogne, comte de Flandre, etc., réclama sa part d'influence. Un soir de novembre 1407, d'Orléans fut assassiné; Jean se retira dans ses états et se vanta d'avoir payé les meurtriers.

Les princes d'Orléans formèrent une ligue dont le chef fut le comte d'Armagnac, seigneur influent dans le midi [1408].

Les Armagnacs s'avancèrent sur Paris, pillèrent les environs et s'emparèrent de Ham.

On fit une trève à Bicêtre qui fut bientôt rompue.

Le duc de Guienne porta le roi à réclamer le secours du Bourguignon; celui-ci embrassa avidement l'occasion. Jean de Bourgogne, devenu Jean-sans-peur, appela à son aide toute sa brillante noblesse, ses Flamands bien armés et ses auxiliaires Anglais, achetés par on ne sait quel honteux traité. Il s'avança en Picardie et mit le siége devant Ham.

Bernard d'Albret qui commandait la place, répondit à une première sommation par une vigoureuse sortie qui mit en désordre l'avant-garde de l'armée ducale, composée de Flamands, puis il rentra dans la place.

Les Flamands, l'armée étant arrivée, assirent et affutèrent plusieurs bombardes et canons qui lançaient des pierres énormes dont les ravages terrifièrent les habitants.

Néanmoins, un premier assaut qui dura bien trois heures, fut repoussé *très-chevalereusement* et plusieurs assaillants y perdirent la vie. Mais devant les préparatifs faits par le duc, les assiégés perdirent courage. Bernard d'Albret offrit de capituler, et sur le refus du Bourguignon il fit une sortie désespérée et s'échappa avec ses soldats, abandonnant à leur malheureux sort les habitants de la ville et ceux des villages voisins qui s'y étaient réfugiés. Il en fut fait un affreux massacre, la ville fut mise à sac, pillée et enfin brûlée [septembre 1411].

Le débat touchant le pillage de Ham, causa une dissention mortelle entre les Picards et les Flamands dont les troupes du duc étaient composées. De sorte que sitôt que le duc d'Orléans approcha avec les siennes, les Picards l'abandonnèrent, les Flamands se retirèrent et lui, malgré qu'il en eût, avec eux. (*)

Louis d'Orléans n'ayant payé que la moitié du prix des domaines de Marie de Coucy, Charles d'Orléans héritier du duc Louis, remit à Robert de Bar, fils de Marie, pour se libérer, une partie de la succession d'Enguerrand VII.

Robert fit hommage au roi pour la terre de Ham, en 1413 et tomba à Azincourt avec cinq mille gentilshommes, fleur de la noblesse française.

Il avait épousé Jeanne de Béthune alors âgée de onze ans [1409] dont il eût une fille, Jeanne de Bar. Veuve à dix-sept ans Jeanne se remaria à Jean de Luxembourg, comte de Ligny, et lui apporta en dot, parmi de riches domaines, la terre de Ham [1418].

D'Armagnac on devint Bourguignon. En 1423 la ville eut encore à souffrir de cette funeste guerre. Xaintrailles s'en empara au nom du roi Charles VII. Le duc Jean reprit sa ville quelques jours après et se vengea cruellement.

(*) Mézerai.

En 1434 ses gens ayant quitté la place, les habitants la rendirent à Richemont, à Dunois, à la Hire qui s'en étaient approchés avec un gros de combattants. Le comte de Ligny entra en négociations avec les capitaines de Charles VII et racheta Ham, moyennant mille saluts d'or.

Ce fut ce Jean de Luxembourg qui vendit pour 10,000 livres Jeanne d'Arc qu'il avait retenue prisonnière dans ses châteaux de Ham, Beaulieu et Beaurevoir.

« Le duc Jehan ne la voulait à nulle fin bailler aux Anglais » mais elle fut reclamée par Bedfort en vertu d'une ancienne coutume féodale qui donnait au roi le droit de racheter tout prince ou général prisonnier moyennant 10,000 livres. (*)

Louis de Luxembourg, comte de Saint Pol, neveu et pupille de Jean de Luxembourg, continua sa maison dans la seigneurie de Ham par son mariage avec Jeanne de Bar, fille et héritière de tous les biens de Robert, après la mort de sa mère Jeanne de Béthune en 1450. (**)

Ayant perdu sa première femme, Il épousa Marie de Savoie sœur de la reine de France. [1464].

Cette haute alliance ne l'empêcha pas de se

(*) Lavallée. Henri VI d'Angleterre avait été reconnu à Paris comme roi de France. Il faut se rappeler, pour juger cette époque, que l'idée de nationalité n'existait pour ainsi dire pas. Ces alliances avec l'étranger étaient cependant une faute, mais la grande vassalité penchait toujours du côté qui pouvait lui assurer une indépendance plus grande, qu'elle tâchait de rendre complète.

(**) M. De Cagny.

joindre aux barons français pour former la fameuse ligue du bien public. Louis de Luxembourg rejoignit l'armée de la ligue avec 300 hommes d'armes et 400 archers ; il en commanda l'avant-garde à Monthléry [1465].

L'habile Louis XI en assouvissant l'ambition des barons parvint à désunir ses turbulents vassaux. Luxembourg fut nommé connétable de France [1465] et reçut le titre de chevalier de l'ordre de Saint Michel récemment créé par le roi [1469]. Louis fit fortifier Ham [1470] ; il bâtit la grosse tour qui conserve son nom et fit graver sur la porte d'entrée entre deux houppes, emblème qu'il avait adopté, cette devise ou ce mot de son humeur : MON MIEUX.

En effet, dit Mathieu, il espérait toujours *son mieulx* en cette place, au pire état de sa fortune et voir, comme du bord de la mer, les ondes et les vents se jouer de la France. Sa confiance fut bien trompée car, voulant ménager tout le monde à la fois, il mécontenta tout le monde : et Louis XI son beau-frère, et le roi d'Angleterre son neveu, et le duc de Bourgogne son ami.

Depuis plusieurs années déjà il jouait le double, comme dit Mézerai, entre le roi et le Bourguignon pensant que leur brouillerie faisait son unique sûreté. Il commit l'imprudence de se saisir de Saint-Quentin qui était au roi, et d'en chasser le gouverneur, le sire de Créton. Ses ennemis se réconcilièrent pour le perdre.

Ayant eu vent de ce qui se tramait contre lui, il demanda à Louis XI une entrevue qui eut lieu sur une rivière entre La Fère et Noyon. Le connétable qui se méfiait du roi s'était fait accompagner par trois cents hommes d'armes, le roi qui se méfiait de tout le monde, en avait amené six cents ; il n'en considéra pas moins la précaution de son feudataire comme une insulte. Cependant on fit de part et d'autre de grandes protestations, l'un jurant d'être fidèle, l'autre promettant d'oublier le passé. Mais les promesses ne coûtaient guère à Louis XI.

Saint-Pol ne s'y fia pas, mais il n'en intrigua pas moins. « Bientôt les châteaux de Ham et de St-Quentin ne lui parurent plus suffisans à sa sûreté ; en ces transes et frayeurs que les remords de sa conscience augmentaient, il préfère se donner au duc que de se laisser prendre par le roi et se rend à Mons chez le seigneur d'Eymerye, Bailli de Hainault le plus assuré de ses amis. Le roi de France fit sommer le duc de Bourgogne de faire ce qui était convenu entre eux, attendu que le connétable était sur les terres de son obéissance.

Cette convention consistait à lui faire justice dans les huit jours ou à le rendre au roi. Le duc prit ce dernier parti et fit conduire le connétable par son chancelier Hugon et Imbercourt à Péronne où ils le consignèrent au bastard de Bourbon, amiral de France et au seigneur de St-Pierre qui le rendirent à Paris, vêtu d'un manteau de camelot noir et monté sur un petit cheval : il fut déposé à la bastille ; son procès lui fut fait de suite et conduit au palais de justice on le fit entrer à la tournelle, où le chancelier l'ayant exhorté à la patience lui demanda l'ordre de St-Michel.

Cela fait le président de Popincourt lui prononça l'arrêt par lequel la cour le déclarait criminel du crime de lèse-majesté et le condamnait à être décapité en place de grève, ce qui fut exécuté le 19 décembre 1475 à deux heures de l'après-midi à la vue de deux cent mille personnes, dit de Mathieu. » (*)

A sa mort ses possessions devinrent la proie des favoris de Louis et de Charles. Ham fut bourguignon, mais pendant que le Téméraire était fort occupé ailleurs, Louis XI s'attribua la ville de Ham et en fit donation à Pierre de Rohan, de Gié, duc de Nemours, maréchal de France [1476].

Pierre de Luxembourg, fils du malheureux connétable n'avait conservé de son ancien domaine que le titre de seigneur de Ham. Il n'en légua pas davantage à ses héritiers ; mais, par lettres du roi Charles VIII, Marie et Françoise ses filles rentrèrent dans les biens de leur famille [avril 1485]. A Marie, épouse du comte de Rhomont, échut le domaine de Ham.

Elle épousa en secondes noces François de Bourbon, comte de Vendôme, l'escarboucle des princes de son temps, de cette maison de Bourbon dit Brantôme, dont il n'y a point de poltrons. Vendôme mourut à Verceil à peine âgé de vingt-cinq ans.

Marie se consacra à l'éducation de ses enfants et à la pratique de toutes les vertus. Après cinquante-trois ans de veuvage, elle s'éteignit à Ham avec le titre glorieux de *Mère des pauvres*. [1er avril 1546] (**).

Son fils aîné, Charles, né en 1489, succéda sous sa tutelle au comte François. Ce fut un

---

(*) Extrait d'un in-folio, provenant de l'Abbaye des Génovéfains.

(**) Comme l'indique la suite du récit la *bonne châtelaine* fut l'aïeule du chef de la dynastie des Bourbons.

homme intègre qui eut toutes les vertus des grands hommes d'Etat et des grands capitaines. Il était à Marignan et s'y distingua. Quand François Ier partit pour l'Italie et pour aller se faire battre à Pavie, il chargea Bourbon-Vendôme de la défense de Paris, de l'Isle de France et de la Picardie ; Bourbon s'en acquitta à souhait.

En 1536, Fleuranges, maréchal de La Marck, qui défendait héroïquement Péronne contre le duc de Nassau, fit savoir à Ham qu'il se trouvait en grande détresse de poudre. Aussitôt Bourbon dépêcha Jean de Sarcus, gouverneur de Ham, avec quatre cents arquebusiers portant chacun un sac de poudre de dix livres. Le duc de Guise qui les avait accompagnés avec deux cents chevaux simula une attaque contre le camp ennemi. Pendant ce temps Sarcus et ses hommes étaient hissés dans Péronne du côté des marais. Nassau fut obligé de lever le siége. Bourbon-Vendôme mourut l'année suivante. Il fut père de Louis Ier de Condé, de Charles, cardinal de Bourbon, ce roi de la ligue, connu sous le nom de Charles X, et d'Antoine de Vendôme seigneur de Ham.

Antoine quitta la Picardie pour le gouvernement de Guyenne et, par son mariage avec la fille de Henry d'Albret, devint roi de Navarre [1555], et fut père du grand Henry qui devait réunir Ham à la couronne.

Ici s'arrête l'histoire de Ham, ville féodale. Victime de la guerre civile et étrangère elle va en éprouver toutes les horreurs en 1557 et 1595. Mais lorsque Henry de Navarre sera devenu Henry IV, roi de France, elle ne vivra plus de cette vie mouvementée, parfois si troublée mais si puissante et si originale des cités du moyen âge.

Elle s'endormira dans sa prospérité jusqu'au moment, où réveillée au bruit du canon de la révolution, elle sera, après vingt ans de combats, une première fois souillée par un caporal Prussien.

III. — Le domaine de Ham est réuni a la couronne et passe dans les maisons de Mazarin et d'Orléans.

Siéges de 1557 et de 1595.

A la mort du Téméraire sous les murs de Nancy [5 janvier 1477] les états bourguignons s'étaient démembrés. Marie, fille et héritière du duc, choisit pour époux Maximilien d'Autriche et ainsi commença la grandeur de la maison d'Autriche.

Un bonheur constant favorisa cette puissance. La politique française tendit toujours à son abaissement et avec raison ; malgré bien des revers, la ténacité des monarques, le patriotisme d'un pays fortement constitué et un de langue, de religion, d'aspirations, vinrent à bout d'un aussi formidable ennemi et, après trois siècles de luttes, l'œuvre commencé par Louis XI était mis à fin.

En 1557 François Ier était mort, Charles-Quint avait abdiqué, laissant à Philippe II son fils sinon l'héritage de son génie du moins celui des entreprises commencées.

Les invasions des impériaux par les Flandres

qui tenaient pour l'empire — bien malgré elles — avaient lieu à chaque reprise des hostilités.

Par la témérité de Montmorency, les Français avaient perdu la bataille de St-Laurent, [10 août]. Le duc de Savoie qui commandait l'armée impériale voulait marcher sur Paris. Philippe II lui fit continuer le siège de Saint-Quentin ; la ville se rendit le 27 août après une énergique défense qui sauva le royaume.

Le 8 septembre 1557, le duc de Savoie leva le camp devant Saint-Quentin et partit à la tête de toute l'armée dans la direction de Ham.

« A l'approche du duc de Savoie, ceux de la ville et ceux du château avaient mis le feu à toutes les maisons, même à l'église, et s'étaient retirés dans le château au nombre de mille hommes avec seulement cinq femmes. Après que S. M. eut pris Saint-Quentin, les habitants de Ham s'étaient réfugiés en France, et les gens de guerre, restés dans la ville et le château, avaient reçu l'ordre du roi de tout brûler quand les ennemis s'approcheraient. Ils le firent ainsi, et c'était le plus triste spectacle du monde de voir brûler une ville si grande et si belle.

» Le duc de Savoie ordonna qu'on plaçât l'artillerie de manière à battre le fort. Notre camp était assez éloigné, car la campagne est si plate qu'il n'y avait ni hauteurs ni collines pour l'abriter des attaques du château qui commande tous les environs.

» Le 9 septembre, S. M. arriva au camp, et bientôt on somma les défenseurs du château de se rendre. Ils refusèrent, mais dans la nuit du du 9 au 10, on mit en batterie vingt-quatre nouvelles grosses pièces de canon, et les soldats de Navarrete ayant détourné les eaux qui alimentaient le fossé du côté du couchant, quelques pionniers purent s'approcher de la muraille, car le fossé était presque vide au petit jour. Le 10 septembre, on commença, avec les trente-six pièces de canon, à battre en brêche le château et principalement une des tours. Le feu dura avec une grande force et sans interruption jusqu'au lendemain à sept heures du matin ; alors les Français poussèrent de grands cris dans l'intérieur du fort, et un trompette parut sur la muraille sonnant et déployant une bannière rouge en faisant signe qu'on voulait se rendre, et qu'on cessât le feu. On n'en fit rien, et l'artillerie redoubla de violence. Au bout de deux heures le trompette recommença à sonner et appelant une personne qui voulût bien l'entendre. Le maître de camp Navarrete, qui était dans le fossé près du château, envoya deux soldats pour lui demander ce qu'il voulait. On cria du haut du château qu'on voulait se rendre à certaines conditions. Navarrete l'entendait bien, mais il leur fit dire qu'il ne pouvait rien décider sans son général et qu'il allait lui parler. Il alla en effet vers le duc de Savoie, qui lui dit de leur annoncer qu'ils devaient se rendre à merci du roi et non d'autre façon, faute de quoi ils seraient tous décapités. A ce moment l'artillerie ne tirait plus. Navarrete leur fit la réponse, alors les assiégés demandèrent que deux des leurs allassent parler au duc, et qu'il envoyât dans le château deux des siens en ôtages. Tout se passa ainsi, et les Français se rendirent à la merci du roi, la vie sauve ; il était neuf heures du matin.

» S. M. visita de suite le château et la ville, où les hommes de Navarrete étaient logés. Elle ordonna aussitôt de travailler à réparer les fortifications et de construire quatre cavaliers de terre fort élevés pour servir à la défense de la ville et du château ; de manière que cette place, quand les fortifications seront achevées, sera la plus forte qu'on puisse voir dans toute la France et les Flandres, et ne pourra être prise que par un traité. » (*)

Le 3 avril 1559 la paix de Cateau-Cambrésis fut signée entre Philippe d'Espagne et Henry III roi de France, et Ham rentra dans les domaines du roi de Navarre, Antoine de Bourbon. Les Valois n'ayant plus d'espoir de postérité, son fils Henry, seigneur de Ham, prétendit à la succession au trône.

Mais il était hérétique, parent de Henry III au vingt-deuxième degré seulement, et la Ligue, issue de Picardie, formée en 1576 pour le maintien de la foi, lui opposait ce ridicule roi de la ligue Charles de Bourbon, son oncle. La guerre civile commença donc entre huguenots et catholiques, le roi avait la main forcée par les Guises et les soutenait à regret.

Quand le dernier des Valois tomba sous le poignard de Jacques Clément [1er août 1589], effrayé par les empiètements de la ligue, il s'était réconcilié avec Henry de Navarre et en mourant il lui avait conseillé de se faire catholique, s'il voulait jamais monter sur le trône de France.

La mort du roi ne changea rien à la situation et les ligueurs purent continuer la guerre avec l'appui de Philippe d'Espagne. Le Béarnais ne perd pas son temps : il défait les troupes de

(*) Relation d'un officier de l'armée espagnole.

Mayenne à Arques, à Ivry, assiège Paris, décampe en apprenant l'approche du duc de Parme, mais prend Chartres ; les beaux yeux de la belle Gabrielle l'attirent en Picardie où il met le siége devant Noyon, un des foyers les plus ardents de la ligue, que défendit vaillamment le capitaine de Rieux.

Charles de Lorraine, duc d'Aumale, voulant ravitailler la place se rend d'Amiens à Ham, en part le 7 août 1791 au soir, pensant surprendre au petit jour les gens du roi. Il assaille les chevau-légers qui, très inférieurs en nombre, allaient lâcher pied, quand Biron arrive et ramène vivement les ligueurs jusqu'aux portes de Ham où ils rentrèrent en très piteux état.

Mayenne avait à cœur de faire lever le siége de Noyon. Il réunit à Ham dix-mille fantassins et près de trois mille chevaux et, pour plus de sûreté, met la Somme entre son armée et celle du roi. Mais les tiraillements causés par les hésitations du prince d'Ascoli, l'impatience du duc d'Aumale, la timidité de Mayenne, firent qu'on ne s'exposa pas aux hasards d'une bataille, malgré l'infériorité des troupes royales ; Noyon capitula le 19 août, Henry fit son entrée dans la ville le 20, et le lendemain, prenant avec lui une partie de sa cavalerie, il alla, comme il le disait avec sa verve gasconne, rendre visite à M. de Mayenne, « si près de nous qu'il y aurait impolitesse à ne pas prendre des nouvelles de sa santé. » Il demeura deux heures à portée du canon de Ham. Mayenne en fit tirer quelques volées sans résultat, mais, comme le dirent les familiers du roi, il fit la grande impolitesse de ne pas reconduire ses visiteurs.

Henry IV, malgré sa conversion [juillet 1593]

n'était pas plus populaire ; mais à force d'habileté, de patience, secondé d'ailleurs par les fautes répétées de ses ennemis il parvint à les désunir et il n'eut plus devant lui que l'Espagne, qui, au lieu d'être l'auxiliaire des ligueurs, les avait fait passer au second plan. Ainsi, de civile, la guerre devint nationale. Un des derniers actes du drame se joua à Ham.

Fuentès, gouverneur des Pays-Bas, ayant battu deux généraux de Henry IV, s'était avancé en Picardie. Le duc d'Aumale, lieutenant général pour la ligue, occupait de concert avec les Espagnols quelques places de cette province.

Louis de Moy de Gomeron, gouverneur de Ham et zélé ligueur, s'étant abouché avec le comte de Rônes, et séduit par ses propositions, promit de remettre la ville et le château à Fuentès, gouverneur des Pays-Bas, pour le roi d'Espagne.

En conséquence, Cico Sangré se présenta aux portes de Ham avec un corps de 1400 hommes et occupa la place au nom de son maître. Gomeron refusa prudemment l'entrée du château, et, y laissant sa femme et son beau-frère d'Orvilliers, il fit le voyage de Bruxelles pour réclamer l'exécution des promesses espagnoles. Arrivé à Bruxelles le gouverneur de Ham fut retenu prisonnier avec ses deux fils qu'il avait amenés pour les offrir en ôtage, et Fuentès dépêcha aussitôt vers la dame de Gomeron et d'Orvilliers, un officier, nommé Frias, avec des ordres dignes de l'inhumanité des sauvages, les menaçant tous deux, s'ils refusaient de recevoir une garnison de six compagnies, de leur envoyer sur le champ trois lances au bout desquelles seraient placées la tête de Gomeron et celles de ses deux fils.

« Cette épouvantable proposition vint jeter le désespoir dans le cœur de la malheureuse mère, disposée à tout accorder pour sauver ses enfants et son mari ; mais ne produisit pas le même effet sur l'âme de d'Orvilliers, qui prit la résolution d'opposer d'abord l'énergie aux affreuses menaces du gouverneur espagnol et de se préparer une vengeance en secondant l'armée de Henri IV, à laquelle il eut aussitôt la pensée d'ouvrir les portes du château à l'insu de la garnison de la ville, intéressée à mettre empêchement à ce projet, car alors elle était composée, comme on l'a vu plus haut, des soldats de Fuentès et des ennemis d'Henri IV.

« D'Orvilliers fit ensuite mander du château de Roye plusieurs officiers espagnols prisonniers de guerre, afin que leurs têtes pussent répondre pour celles de Gomeron et de ses deux fils.

« Déjà les généraux de Henri traitaient secrètement pour la reddition du château, tandis que de leur côté, les Espagnols voyant s'approcher l'armée royale, s'occupaient des moyens de se bien défendre, et envoyaient demander des renforts au comte de Fuentès, qui aussitôt s'était mis en marche et se dirigeait sur ce point.

« Le comte de Saint Paul, qui était à Saint-Quentin, s'avança jusqu'à Flavy-le-Martel, où il fit séjourner ses troupes, puis ayant envoyé ordre à d'Humières et à grand nombre d'autres chefs de venir le rejoindre, le projet d'attaque fut définitivement arrêté de la manière suivante :

« Vers le milieu de la nuit, plusieurs partisans de d'Orvilliers, au nombre desquels était Damy, commandant la place de Roye, s'avancèrent suivis d'une cinquantaine d'arquebusiers, puis de cent autres que conduisait le capitaine Morin. D'Humières venait ensuite à la tête de cent chevaux ; Saint Paul et Bouillon suivaient avec leurs gardes.

« Mais ayant été découverts par les premières vedettes, aussitôt le cri de guerre se répandit dans la ville, et quelques coups d'arquebuse furent tirés de part et d'autre.

« D'Orvilliers apercevant ce mouvement, le fit appuyer par quelques coups de canon, tirés des remparts du château, où bientôt après les troupes royales furent introduites en passant par la porte de secours dont il est facile, encore aujourd'hui, de voir l'enceinte sur la face de la courtine, au pied de laquelle passe le canal.

« Dès que le jour parut, on vit les barricades des Espagnols qui étaient disposées de telle sorte, qu'en arrivant sur l'esplanade leurs feux croisés défendaient entièrement les approches de la ville, dont l'attaque fut résolue à l'instant même.

« Les troupes assiégeantes furent partagées en trois corps. L'un alla présenter le combat à la porte de Noyon ; l'autre fut chargé de forcer la porte de Chauny ; et le troisième, fourni par la garnison du château, fut dirigé sur l'esplanade, afin d'en enlever les barricades et les retranchements.

« Mais avant de donner le signal, d'Humières commença par envoyer un parlementaire à Cico-Sangré, général espagnol, commandant la ville, pour le sommer de la part du roi, de rendre la place, lui offrant des conditions raisonnables, pourvu qu'il donnât des ôtages en attendant le retour de Gomeron et de ses fils.

« Cico-Sangré répondit que lui et les siens

mourraient plutôt que de rien entreprendre contre lenr honneur et contre la fidélité qu'ils devaient à leur souverain. Sur cette réponse on commença l'attaque ; elle se fit d'abord à droite, c'est-à-dire vers la barricade de la rue de Chauny, où Bouillon fut repoussé deux fois.

« Ducluseau eut plus de succès à la gauche, c'est-à-dire vers la porte de Noyon, où Sangré fut blessé. Déjà on avait mis les Espagnols hors d'état de résister plus longtemps de ce côté, où tous les ouvrages avancés avaient été enlevés, lorsque le feu prit à quelques maisons du faubourg. Les flammes et la fumée poussées par le vent firent reculer les soldats de d'Humières, qui était sans casque, se montrant partout où il y avait danger, et qui, au moment où il se précipitait au premier rang pour ranimer le courage des siens, reçut à la tête un coup de mousquet, qui, suivant la chronique, fut tiré du clocher Saint-Martin. (Cet édifice n'existe plus de nos jours).

« Le feu se déclara bientôt aussi à la porte de Chauny, où les Espagnols furent obligés de reculer. Quelques coups de canon tirés, par ordre de Bouillon, dans la barricade de Chauny, achevèrent de la détruire, et ses soldats s'élancèrent dans la ville en poursuivant l'ennemi, qui se retira en désordre vers le faubourg Saint-Sulpice, où il déclara vouloir se rendre.

« Mais les soldats français irrités par la mort de d'Humières, et malgré leurs chefs, qui voulaient qu'on fit *bon quartier*, se jetèrent sur les Espagnols et en firent un massacre épouvantable. On se battit dans les rues et dans les carrefours ; les habitants eux-mêmes, du parti de Henri IV, prirent les armes et coopérèrent à cette victoire [Juin 1595]. » (*)

Les officiers espagnols furent laissés à Ham pour répondre de la vie de Gomeron, mais ces hommes énergiques s'échappèrent l'épée à la main. La dame de Moy effrayée fit dire à Fuentès que d'Orvilliers était résolu à lui abandonner le fort, pour sauver la vie de son parent. Le général espagnol arriva en vue de Ham traînant à sa suite l'infortuné gouverneur dont il annonça qu'il ferait prompte justice si on ne lui ouvrait sur le champ les portes du château. D'Orvilliers ne sachant que résoudre, quitta secrètement la place laissant le commandement à Saisseval qui fit tirer le canon sur l'armée impériale. Fuentès irrité fit décapiter Gomeron ou, suivant la tradition, le fit pendre à un arbre qui conserva jusqu'à la révolution le nom *d'arbre Gomeron.*

Trois mois plus tard par l'absolution de Henry IV la ligue recevait son dernier coup ; la guerre avec l'Espagne continua cependant et ne se termina qu'en 1598 par le traité de Vervins ; le roi pouvait alors faire sculpter définitivement les armes de France à l'entrée de sa forteresse, si chèrement acquise.

Sous Henry IV la ville de Ham ressortissait à la généralité de Soissons, à l'élection d'Amiens et au gouvernement général de Picardie. Le gouvernement de Ham s'étendait autrefois sur plus de trente villages ; mais son bailliage, devenu royal, ne dépassa pas les limites de la commune.

(*) Le récit de ce siége a été écrit par M. le général marquis de Lioux, de telle façon qu'on ne peut mieux faire que de le citer textuellement.

En 1607, la Généralité de Picardie fut divisée en deux : Soissons et Amiens. Ham fit partie de la généralité de Soissons et Saint-Sulpice de celle d'Amiens : c'est depuis cette époque que Saint-Sulpice prétend ne plus être faubourg de Ham.

Dans ce dix-septième siècle la ville fut cruellement éprouvée, car, en 1637, la famine, suivie d'une peste aussi meurtrière que l'avaient été celles 1349 et de 1579, qui enlevèrent le cinquième de la population, exerça d'effrayants ravages. La même épidémie sévit en 1648. Six ans plus tard, le feu réduisit en cendres une partie de la ville, et, en mars 1676, il ruina 250 habitations, presque toutes situées dans la paroisse Saint-Martin.

Le 7 mai 1635, le roi Louis XIII passa à Ham, accompagné de la reine Anne d'Autriche, du cardinal de Richelieu, abbé de N-D de Ham, et d'autres personnages de la cour.

En 1641 les fortifications furent considérablement augmentées, et, la même année, la ville et vicomté furent aliénées en même temps que les domaines de La Fère et de Marle, à cause des dépenses considérables qu'avait faites le roi pour l'entretien de ses armées. Ces propriétés consistaient en fiefs, cens, rentes, etc. Les officiers publics firent une vive opposition à l'enregistrement des lettres d'aliénation. Ils invoquaient ces motifs : l'affection que ces villes avaient toujours montrée pour l'auguste maison de Bourbon dont les membres avaient pris les titres et noms de ces chatellenies, la proximité de la frontière, les exemptions dont elles étaient comblées, afin de fournir à l'État de bons soldats et citoyens capables de résister aux invasions... mais on passa outre.

Pendant les guerres de la minorité de Louis XIV, Condé alla s'établir près de Ham, ce qui fit croire qu'il en voulait à la ville ; mais Turenne qui le cotoyait toujours, donna de si bons ordres qu'il contraignit son illustre adversaire à se retirer [1653].

L'année suivante, Mazarin devint seigneur engagiste de la châtellenie ; ses rapports avec le corps de ville furent quelque peu tendus, ce qui ne peut surprendre, étant donné l'esprit tracassier et intéressé du cardinal. Le maréchal d'Hocquincourt à qui il avait confié le gouvernement de Ham dépensa beaucoup d'argent pour mettre les fortifications en état. Mazarin se méfiait de lui, et, comme la duchesse de Châtillon cherchait à entraîner le maréchal dans le parti du prince de Condé, il la fit arrêter et il ne se donna point de repos qu'il ne lui eut retiré des mains le gouvernement de Ham et de Péronne dont il l'avait pourvu dans le temps que ses services méritaient quelque récompense. (*)

Moyennant 200,000 écus et le gouvernement de Péronne pour son fils, le maréchal se retira.

En 1678 et 79, on travailla encore aux défenses extérieures de la ville, mais Louis XIV, voulant faire table rase des résistances féodales, fit démanteler la place et sauter les fortifications [1685].

Depuis 1661 le château était engagé au marquis de la Meilleraye, duc de Mazarin.

Le grand roi passa souvent par Ham, se rendant en Flandres, et notamment en mai 1692, allant prendre Namur, il mangea dans la

(*) Mémoires de M. d'Artagnan.

grande salle de l'Abbaye, et Mgr le Dauphin coucha dans la chambre qui est auprès. S. M. considérant un bâtiment nouvellement construit près de l'Eglise, sembla marquer qu'à son jugement Dieu était moins honorablement logé que les religieux, ce dont le P. Millier fut très confus, et il résolut de faire faire de grands changements à l'Eglise.

Avant de livrer la bataille de Denain [1712] Villars envoya à Ham et à Saint-Quentin le gros du bagage de l'armée.

En 1766, la duchesse de Mazarin fit la délaisse de la seigneurie de Ham, pour en jouir comme apanage, à Philippe d'Orléans, dans la famille duquel elle resta jusqu'à la révolution. Le fort servait de prison d'État et possédait un état-major et une compagnie de soldats invalides.

IV. — La Révolution. — Capitulation de 1815.

L'histoire de la ville de Ham pendant la Révolution présente, à défaut d'événements saillants, l'intérêt relatif qui s'attache aux moindres faits de cette époque singulière.

Vers la fin du mois de juillet 1789, la terreur fut répandue en ville par un boucher d'Hombleux qui annonçait le pillage des récoltes par dix mille soldats ennemis ; le peuple des campagnes était d'ailleurs excité. Les officiers municipaux, effrayés de cette agitation qui précède les grandes crises, firent remettre au duc d'Orléans un mémoire par lequel ils demandaient 600 fusils et des munitions en conséquence, pour mettre la ville en état de défense.

L'année suivante des troubles s'élevèrent à Saint-Quentin : une populace nombreuse s'était soulevée à propos de quelques transports de grains. Les Saint-Quentinois réclamèrent du secours à Ham. Le soir même un détachement du régiment de Bourbon, sous le commandement de M. de Mazancourt, se rassembla sur la place. Ce gentilhomme demanda quarante gardes nationaux de bonne volonté qui se présentèrent aussitôt et partirent à peine habillés, malgré le mauvais temps et l'heure avancée. Près de Saint-Quentin quelques coups de fusil retentirent et M. de Mazancourt dit fort courtoisement : « Messieurs les Hamois, le pas vous appartient, mais vous êtes pères de famille, souffrez que nous vous servions de boucliers ! »

On arriva le 23 mai à deux heures du matin, sans autre encombre, sur la place de St-Quentin et les habitants réveillés en sursaut accueillirent les braves volontaires avec enthousiasme. Quand ils eurent pris quelques heures de repos on les harangua et on les régala d'une collation splendide. Des couplets forts galants furent même tournés à ce sujet. L'absence ne fit pas oublier ce fraternel service, car, le 5 juin suivant les citoyens composant le conseil provisoire de la garde nationale de Saint-Quentin écrivaient à leurs frères de Ham une lettre amicale pour dissiper quelques nuages qui troublaient l'harmonie régnant entre eux et leurs officiers supérieurs. (*)

(*) Nous avons tenu à rapporter ce fait, car, comme on le verra plus loin, dans une circonstance plus grave encore, les Hamois n'hésitèrent pas à se porter sur Saint-Quentin que l'ennemi avait tenté de surprendre.

Quand la révolution s'accentua, Ham fit peau neuve : on brûla les actes ayant rapport au duc d'Orléans, ainsi que les titres de noblesse et les diplômes de l'ordre de Saint Louis, comme pour anéantir les souvenirs de la féodalité ; les noms des rues furent changés, on arrêta quelques *ci-devant*, l'abbaye fut vendue ainsi que le mobilier des églises Saint-Pierre et Saint-Martin qui furent ensuite démolies. Le citoyen Mercier fut délégué pour porter à la Convention l'argenterie de l'église et lui demander que le nom de Ham, qui rappelle l'idée d'un repaire impur de brigands d'Allemagne (*), soit changé en celui de Sparte !

Cependant Louis XVI restait très populaire. Quand arrivèrent les papiers publics annonçant sa mort, le charpentier Caron, dit *Forte-Epaule*, se chargea de la lecture. Monté sur un tas de décombres dans l'église Saint-Martin, il commença d'une voix forte qui s'affaiblit à mesure qu'il approchait de la fin. Arrivé au récit de l'exécution du roi, il se prit à pleurer ; les assistants émus se retirèrent en silence.

Les réjouissances publiques en l'honneur des victoires de la République, les arrestations, les fêtes du nouveau calendrier et les réquisitions se succédaient. Une société populaire s'était fondée et correspondait avec la société centrale de Paris. Elle tenait ses séances dans le couvent de la Providence : séances fort orageuses et manquant souvent de dignité. Pour séparer les bons d'avec les mauvais on fut forcé d'épurer.

Voici les questions adressées aux citoyens pour l'épurement :

(*) Allusion à l'étymologie du mot Ham. V. CH. I.

1° Quels sont tes nom, prénoms, ton lieu de naissance et ton domicile?
2° Quel était ton état avant 89?
3° Qu'as-tu fait depuis la Révolution?
4° Qu'as-tu fait pour la Révolution?
5° Fais ta profession de foi sur la journée du 10 août, 31 mai, 1er et 2 juin, sur la mort du tyran, sa femme, sa sœur et leurs complices? sur l'exécrable assassinat de Marat, Le Pelletier et autres.
6° Depuis quel temps es-tu membre de cette société?
7° Assistes-tu régulièrement à ses séances?

Malgré de nombreux discours sur toute espèce de sujets, même *en faveur du genre humain*, malgré une multitude d'adresses envoyées à la Convention, la société périclitait. Elle fut dissoute, comme toutes celles du pays, le 6 fructidor an 3 [24 août 1795].

Du reste un extrait du registre des procès-verbaux du club des Jacobins en dira plus sur l'esprit du temps que mainte explication.

Procès-verbal de la Fête de la Fraternité et de la Raison.

Décadi dix Nivose

« L'an deuxième de la République une et indivisible, à deux heures précises de relevée, le Conseil général de la commune, avec les députés de plusieurs communes du canton, le bureau de la société populaire avec son comité des sept, les membres du comité de surveillance, le juge de paix avec ses assesseurs, les officiers de chasseurs et volontaires au dépôt dans le château, ceux de santé commis à l'hôpital, les jeunes filles en uniforme blanc, tant de la ville que des lieux circonvoisins, se sont rendus au *temple de la Raison*, pour y célébrer la fête de la Fraternité et de la Raison. Cette fête annoncée par la générale battue à une heure de relevée, la garde nationale étant sous les armes, tous les corps rassemblés et formés se sont mis en marche pour aller prendre chez elle *la déesse de la raison* dans l'ordre et la manière qui suivent :

1° Les citoyens Bayle et Guidet étant montés à cheval et s'étant portés en avant de tout le cortège, la marche s'ouvrit par les tambours et toute la musique militaire, après laquelle on voyait s'avancer lentement et à une certaine distance deux jeunes citoyens en *bonnet rouge* dont l'un portait la *table des droits de l'homme* et l'autre le *livre de la constitution*.

2° Le second groupe, en tête duquel était porté un guidon avec la devise : *Guerre aux despotes. Mort aux brigands*, se trouvait composé de chasseurs et de volontaires préposés à la garde du château.

3° Peu après, étaient portés trois bustes, dont les têtes couronnées de lierre représentaient :
l'une Brutus
l'autre Marat
et la troisième Le Pelletier, ces héros de la liberté pour lesquels on avait fait cette inscription : *Pleurons nos amis, ils sont morts pour nous.*

4° Un guidon portant ces mots : *Paix et fraternité aux républicains*, précédait l'Arbre de la fraternité, garni de rubans tricolores que soutenaient quatre jeunes vierges vêtues en blanc.

5° Un spectacle non moins touchant pour les cœurs qu'agréable pour les yeux fut la citoyenne Caroline Boitel qui, représentant Minerve, était suivie d'un bataillon de jeunes citoyennes toutes coiffées à la créole, vêtues de blanc et parées d'une écharpe tricolore.

Pour ce qui est de la déesse, elle portait un casque surmonté de hauts panaches aux trois couleurs : sa main droite tenait une pique et sa main gauche s'appuyait sur un bouclier. En voyant la taille avantageuse de cette citoyenne, son maintien guerrier et sa démarche majestueuse, on eut dit que c'était Minerve en personne qui s'était mise à la tête de nos gentilles amazones. Oh qu'on peut dire que la fête de la Raison est touchante quand elle est embellie par la beauté !

6° Après ces différents groupes venaient les officiers municipaux ornés de leur écharpe, suivis des notables environnés du bureau de la société populaire avec son comité des Sept, des membres du comité de surveillance, du commissaire du canton, après lesquels s'avançaient vingt-quatre gardes nationaux pour terminer la marche et la couronner.

Tel a été l'ordre dans lequel tout le cortége a traversé une partie de la ville pour aller prendre à son domicile la citoyenne Eléonore Boitel qui avait à représenter la déesse de la Raison. Dès qu'on y fut arrivé un commissaire ordonnateur de la cérémonie aida la déesse à monter sur le palanquin qui devait la porter, et, après lui avoir mis dans la main droite un sceptre surmonté d'un œil rayonnant, et dans la gauche deux couronnes l'une de myrthe et l'autre de lierre, il lui adressa quatre vers qui furent comme le pronostic de ce qui allait arriver, car autant de pas que fit le palanquin, autant d'éloges donnés à la déesse, tant elle sut mettre de grâce et de dignité dans ses attitudes. Nous ne dirons plus qu'un mot, ce jour la citoyenne Eléonore Boitel captiva le cœur de tous les hommes et força le suffrage des femmes qui la virent.

Après qu'on eut fait le tour de la place, le cortége dirigea sa marche vers le *temple de la raison*, la musique faisant entendre les airs les plus patriotiques. Arrivé en face de la porte du temple, on y vit s'élever, aux cris répétés de *vive la République ! vive la Montagne !* l'Arbre de la Fraternité. »

Alors, un citoyen prononce un discours plein de ce sentimentalisme ennuyeux que l'école de Rousseau avait mis à la mode.

« Le discours fini, tout le cortége est rentré dans le temple de la raison au son des orgues. Dès que la déesse fut placée sur l'autel de la patrie et que le monde eut fait place, le citoyen maire de cette commune, prononça un discours analogue à la fête et rempli de cette éloquence forte qui caractérise un franc républicain.

A peine le citoyen maire eut-il fini, qu'on vit paraître dans la même tribune un autre citoyen, officier de santé à l'hôpital, qui au nom de la déesse parla en faveur de nos concitoyens détenus à Amiens et à Péronne. Après quoi plusieurs citoyens chantèrent en grand chœur l'hymne de la Liberté et plusieurs couplets patriotiques. Cette musique étant terminée, le maire de la commune, le président de la société populaire, celui du comité de surveillance allèrent donner le *baiser fraternel* à la déesse qu'on ramena à son domicile dans le même ordre avec le même cortége qui l'avait conduite au *temple de la raison.*

Mais tous les citoyens n'ayant pas tardé à rentrer dans le temple, bientôt un mélange fraternel des deux sexes a ranimé la scène ; tous les cœurs amis de la Liberté se montèrent à l'unisson, toutes les mains s'unirent, et les contredanses se multipliant parmi les cris de l'allégresse, tous les états, tous les âges en partagèrent la décente volupté qu'ils prolongèrent jusqu'à dix heures du soir. »

Collache était président du tribunal révolutionnaire qui tenait séance au Couvent. Le comité du salut public s'était installé à l'Hôtel-Dieu. Une nuit, André Dumont arrive avec l'ordre d'arrêter les aristocrates et les suspects ; il commence par décréter d'arrestation le président lui-même, dont il redoutait l'excès de zèle. Plusieurs personnes furent enfermées au château, de là transférées à Amiens et relaxées peu de temps après.

Pendant que les armées de la Convention étaient battues sur tous les points et qu'une panique sans nom s'emparait de la France, dans cette fatale année 1793, des détachements ennemis furent signalés aux portes de Ham. Le général Barthel, commandant la place, malgré l'invraisemblance de cet avis, divisa un bataillon de la garnison en deux colonnes, qui sortant, l'une par la porte de Chauny, l'autre par la porte Saint-Quentin, devaient envelopper les bois d'Estouilly. Les deux détachements se rencontrèrent dans l'obscurité et échangèrent des coups de feu jusqu'au matin. Cette méprise coûta la vie à quelques soldats tués par les balles de leurs camarades.

Le 20 pluviôse an IX, le premier consul passa à Ham, se rendant à Saint-Quentin pour visiter les travaux du canal souterrain. Sa chaise versa dans le faubourg Saint-Sulpice ; Roustan croyant à un guet-apens arma son pistolet et se précipita sur le maître de poste.

En 1810 Napoléon passa de nouveau par Ham, avec l'impératrice, pour aller inaugurer le canal à Saint-Quentin.

Les longues guerres de l'empire sont tristement couronnées par deux invasions. La capitulation de Ham le 26 juin 1815 est une page glorieuse de son histoire. Le général Thyelman, commandant le 3e corps de l'armée prussienne, s'établit sur les hauteurs d'Estouilly et fit sommer le commandant Balson de lui livrer le château et la ville, rayée comme place de guerre depuis 1804. Balson répondit comme il convient à l'arrogante sommation du baron prussien, arrêta pendant deux jours la marche de ses trente mille hommes et obtint par son habileté et son énergie la capitulation suivante :

Propositions adressées le 25 juin, par le commandant d'armes du château de Ham, au baron de

Thyelman, lieutenant-général commandant en chef le troisième corps de l'armée prussienne :

1° Un nombre égal de troupe prussienne à celui de la garnison française sera admis au château, pour y tenir garnison, de concert avec ladite troupe française. — ACCORDÉ.

2° Le château sera gardé par les troupes des deux nations, prussienne et française, et conservé pour le gouvernement futur de la France. — ACCORDÉ.

3° La partie des troupes françaises qui devra quitter le château faute de logement, pour faire place à la troupe prussienne, logera en ville et sera traitée à l'amiable par les troupes prussiennes, comme celle qui resterait au château. — ACCORDÉ.

4° La troupe prussienne n'entrera au château que dans la journée de demain 28, pour donner le temps de lui préparer un logement. A cet effet, le commandant de la troupe se concertera avec le commandant de la place. — ACCORDÉ.

5° Tout le matériel de l'artillerie qui se trouve en ce moment au château ne pourra être déplacé ou enlevé que d'après les ordres du gouvernement futur de la France ; il en sera de même à l'égard des archives de la place et des papiers et documents du génie. — *Sera décidé par le feld-maréchal prince Blücher, commandant en chef de l'armée prussienne.*

6° Tous les bagages, meubles et effets des officiers, soldats et employés militaires de ce château resteront intacts. — ACCORDÉ.

7° Le secrétaire archiviste de la place et les divers employés de l'artillerie et du génie conserveront leurs emplois. — ACCORDÉ.

8° L'officier français commandant la troupe française, comme l'officier prussien commandant la sienne, seront tous deux sous les ordres du commandant du château. — ACCORDÉ.

Fait au château de Ham, le 27 juin 1815, à cinq heures et demie du matin.

Signé : BALSON,

Chef de bataillon, commandant d'armes et commandant supérieur de la place et du château de Ham.

Signé : BARON DE THYELMAN,

Lieutenant général, commandant en chef le 3e corps de l'armée prussienne.

Cela fait, Balson présenta à Thyelman stupéfait la garnison composée de cent huit hommes, y compris les officiers.

V. — LA GARDE NATIONALE DE HAM A SAINT-QUENTIN. — PREMIÈRE OCCUPATION DE LA VILLE PAR LES ALLEMANDS. — PRISE DE HAM PAR L'ARMÉE DU NORD. — SECONDE OCCUPATION PRUSSIENNE.

De 1815 à 1870, l'histoire de la ville de Ham ne présente aucune particularité bien intéressante. La centralisation excessive, mise en vigueur par Napoléon Ier, enlève toute espèce d'originalité à la vie municipale des villes des provinces. Le fort continua d'être prison d'Etat et il est parlé à un autre endroit de cet ouvrage des prisonniers qu'il renferma. Ham resta place forte de troisième ordre jusqu'en 1842 ; depuis, ce qui restait des anciennes fortifications a été détruit ou converti en promenades. Le 22 juillet 1849, le Président de la République vint officiellement visiter son ancienne prison. Il faut croire qu'il avait laissé de bons souvenirs dans le pays, car il fut reçu avec le plus grand enthousiasme.

Par ses sièges, surprises, occupations, depuis les premiers temps de la monarchie, la ville de Ham avait bien payé sa dette à la nation, mais on dirait qu'à chaque bouleversement elle doit prendre sa part des souffrances de la patrie.

Le froid courage des vieux mayeurs et jurés de la commune de Ham, l'enthousiasme chevaleresque des seigneurs du château féodal semblèrent passer dans l'âme des habitants de la ville moderne, lors des événements à jamais déplorables de 1870-1871.

Quand on comprit que tout espoir de succès était perdu et que la défense du territoire s'imposait à tout homme de cœur, la garde nationale de Ham se reconstitua. Ce n'était certes pas dans l'espoir de tenir la campagne contre les armées allemandes, — le temps des levées en masse est passé, — mais elle pensait que derrière une barricade ou une muraille on pourrait utiliser son courage et son dévouement. Tous tinrent à honneur d'en faire partie ; le moment était trop solennel pour sourire de l'inexpérience de ceux qui la composaient.

Saint-Quentin, ville ouverte, après un vif combat avait repoussé un détachement prussien [8 octobre 1870]. Deux membres du comité de défense de Ham allèrent offrir au Préfet de l'Aisne et au commandant des gardes nationales du département, le secours de la milice hamoise pour les aider à s'opposer à un retour offensif de l'ennemi.

Le soir était arrivé, on entend des coups de fusils retentir; les délégués reviennent à la hâte et font battre le rappel dans les rues de la ville. Sous une pluie battante, à une heure du matin, les bourgeois de Ham, au nombre de 130 se dirigent, sac au dos, sur Saint-Quentin où ils arrivent vers sept heures du matin.

L'alerte de la veille avait été causée par une méprise malheureuse.

Les hamois s'en revinrent donc et devant l'envahissement des pays voisins, le désarmement de la garde nationale fut ordonné et s'opéra, non sans protestation.

Douze volontaires, appelés éclaireurs à cheval, et qui rendirent les plus grands services, furent seuls exceptés de cette mesure.

Les Allemands avaient mis le siège devant La Fère, à quelques lieues de Ham : le jour même de l'escarmouche insignifiante de Vouël [19 novembre] pompeusement annoncée à l'Allemagne par un de ces bulletins devenus légendaires à force d'exagérations et d'inexactitudes voulues ; des uhlans se présentèrent aux portes de Ham. Accueillis, rue de Chauny, par les volontaires de la Somme et, rue de Noyon, par quelques anciens gardes nationaux ils détalèrent au plus vite. Un des leurs fut blessé, un autre tué et deux prisonniers furent faits à Flavy-le-Martel.

Le lendemain, nouvelle tentative également repoussée. La garnison fait des préparatifs de défense, mais, par ordre supérieur elle quitte la ville.

Le 21, un escadron de uhlans et trois compagnies de chasseurs, commandés par le comte Von Krummer, faisaient triomphalement leur entrée dans Ham. Le cavalier tué l'avant-veille fut payé vingt mille francs.

Tandis que les Prussiens accentuaient leur mouvement sur Paris, une armée se créait dans le nord de la France sous l'énergique impulsion du général Bourbaki. Vers le milieu de novembre, M. Faidherbe fut nommé commandant en chef des trois divisions de ce 22e corps d'armée, composé de trente mille hommes enrégimentés à la hâte, qui tinrent tête si bravement aux soldats aguerris et plus nombreux de Manteuffel et de Von Gœben. Le général Lecointe commandait la 1re division.

Au commencement du mois de décembre, une division de l'armée du Nord entrait à Saint-Quentin que les Prussiens venaient de quitter.

La ville de Ham était alors occupée par une partie de la 3e division du chemin de fer de campagne et par un détachement du 81e de ligne prussien commandé par le lieutenant en premier Bürger, soit environ 200 hommes. Ni les Allemands, ni les habitants, privés de nouvelles, ne pouvaient se douter du coup de foudre qui allait éclater. Le 9 décembre à six heures du soir, — une neige épaisse couvrait la terre et la nuit était éclairée par la lune, — deux dragons, seule cavalerie de la division Lecointe, traversent la ville au galop ; la fusillade crépite, les Prussiens fuient éperdus, se jettent dans les maisons, dans les marais ou courent vers le fort où le clairon sonne l'alarme. Tous les officiers sont faits prisonniers ; pas un du reste n'essaya de se défendre.

Une colonne de la division Lecointe avait quitté Saint-Quentin et aux abords de Ham s'était divisée en trois sections : deux d'entre elles avaient enfilé les boulevards qui enveloppent la ville tandis que la troisième entrait résolument dans la Grande-Rue qui la divise en deux.

Le Fort fut aussitôt investi et l'on songea un moment à le prendre d'assaut. La fusillade ne cessait pas et faisait des victimes dans les rangs français. Quelques obus lancés sur le château servirent à montrer à l'ennemi que l'on possédait du canon.

Vers le milieu de la nuit, un lieutenant, précédé d'un soldat alsacien, porteur d'un falot et d'un drapeau blanc, tenta d'entrer en pourparlers avec la garnison du château.

Une décharge blessa le lieutenant et tua le soldat.

Alors on fit monter le lieutenant allemand prisonnier Bürger, au premier étage d'une maison située à deux cents mètres environ du fort, d'où il interpella les siens.

Les Allemands apprirent par leur commandant que des renforts considérables allaient arriver aux Français, que ceux-ci avaient résolu de donner l'assaut et, qu'irrités par la mort du parlementaire, ils étaient décidés à ne point faire de quartier.

Le sergent qui commandait au château et avait fait de sérieux préparatifs de défense se rendit aux raisons alléguées par son supérieur.

Une capitulation unique dans l'histoire de la guerre de 1870 fut rédigée, la voici :

ART. Ier.

Les soldats prussiens de la 3e division des chemins de fer et du régiment no 81, qui occupent actuellement la forteresse de Ham, rendent cette forteresse en se constituant prisonniers de guerre.

ART. II.

Tous les officiers, les employés de la 3e division du chemin de fer ayant rang d'officier et le sergent - major en premier de cette division obtiennent de conserver leur sabre, avec la permission de le conserver pendant leur captivité. En outre, ces messieurs conserveront leurs bagages.

Les employés des chemins de fer conserveront aussi trois voitures avec six chevaux, et les employés inférieurs conserveront leur manteau et leur sac.

ART. III.

Les soldats déposeront leurs armes dans une chambre de la forteresse et quitteront la citadelle à six heures du matin. Celle - ci sera aussitôt occupée par les Français.

ART. IV.

Pour fixer le traité, il y aura armistice jusqu'à six heures du matin.

ART. V.

Le général en chef Faidherbe prendra soin que les officiers, les employés et les soldats soient échangés à la première occasion contre des prisonniers français.

ART. VI.

Par des parlementaires seront échangées ces conditions résolues entre M. le général Faidherbe ou son délégué et l'ingénieur en chef et M. le commandant de la 3e division des chemins de fer.

Fait en double expédition à Ham, le 10 décembre 1870.

Pour le général, et par son ordre :

Signé : E. MARTIN.

Signé : BURGER,

1er lieutenant ;

COTBEN.

Ce coup de main coûta aux Français cinq tués et seize blessés, aux Allemands neuf tués et dix-huit blessés.

Le 12 décembre, l'arrière-garde de l'armée du Nord quittait Ham et échangeait quelques coups de fusils à la hauteur d'Eppeville, avec une colonne prussienne.

Le 17 décembre, la ville de Ham est occupée pour la seconde fois par les Allemands. Ils se vengent à leur manière de leur défaite du 9 dont la ville est déclarée responsable.

Pillages et réquisitions vont leur train. La ville est à chaque instant menacée de violences et de destruction par les chefs de l'armée prussienne. (*)

Pendant le mois de janvier, le canon du siège de Péronne et celui de la bataille de Bapaume retentissent douloureusement dans le cœur des hamois. Le 12, la garnison de Péronne prisonnière passe à Ham, maltraitée d'une manière infâme par ses conducteurs prussiens.

Enfin quand la France épuisée demanda grâce au vainqueur, ce fut une raison pour les Allemands de se dépêcher. Ainsi le 7 février, le président de la Commission municipale reçoit-il cette communication écrite *en français* :

« Par suite d'un ordre du général en chef, la commune de Ham est forcée de payer 136,400 francs, dit cent trente six mille quatre cents francs comme contribution ; il faut que la dite somme est apportée jusqu'à jeudi le 9 février, à midi, à la mairie d'où elle sera acceptée par un officier prussien.

« Si la commune manque d'apporter la somme contribuée à l'heure indiquée, la contribution s'agrandit de

(*) Délibération de la Commission municipale.

5 0/0 par jour et la commune sera punie d'une forte garnison où les personnes les plus distinguées de la commune seront prises en ôtages jusqu'au payement de la contribution.

En cas que la commune persiste après ça encore de manquer le payement on déportera les dites personnes en Allemagne. »

Ham, le 7 Février 1871.

(Signature illisible)
Colonel et chef du 40e régiment.

On répondit à cette absurde exigence d'un allemand ivre par un refus catégorique, alléguant l'assurance qui avait été donnée qu'aucune autre contribution que celle du 21 novembre 1870 ne serait levée, démontrant, preuves en main, que les ressources de la ville étaient totalement épuisées. Le prussien marchanda et s'arrêta à 6,000 francs dont la moitié fut payée et ne fut pas rendue, malgré un ordre du général en chef interdisant toute réquisition en argent, à partir du 10 février.

L'invasion coûta cher. Le bilan des dépenses, faites sous l'empire de nécessités impérieuses, auxquelles il n'était pas possible de se soustraire, l'emploi de la force étant à craindre en cas de résistance, (*) fut dressé le 11 avril 1871.

Réquisitions en nature justifiées	102,641
Logement et nourriture des troupes	143,080
Vols, incendies, pillages, etc.	23.062
Contribution de guerre et amendes	44.944
Total	313,727 (**)

(*) Délibération de la Commission municipale.
(**) Il faut se rappeler que le budget est de 40,000

Enfin le 23 juillet 1871, après huit mois et deux jours d'occupation, par un beau soleil d'été, les soldats de *l'empire de la crainte de Dieu et des bonnes mœurs* cessèrent de vivre *comme des dieux* à Ham et évacuèrent la ville, aux acclamations des habitants.

USAGES — COUTUMES — INSTITUTIONS

Les Archers

On doit à Charles VII la création des armées permanentes. Ce roi compléta l'ordonnance d'Orléans [1439] par des règlements détaillés sur le service militaire des nobles et l'organisation des archers [1448]. Chaque paroisse de cinquante feux devait choisir, armer et équiper un homme habitué à tirer de l'arc, toujours prêt à marcher pour le service du roi, moyennant une solde de quatre francs par mois.

Voilà l'origine de ces compagnies ou confréries d'archers qui fournirent à l'Etat de bons soldats, à la commune un appui sérieux, composées, comme elles l'étaient, d'hommes sages et recommandables, que leurs services volontaires exemptaient des charges et que l'on nantissait de privilèges nombreux.

Avant le XVIe siècle, Ham possédait sa compagnie d'archers. Les statuts en sont consignés dans un registre de vingt-deux feuilles en parchemin, couvertes d'une belle écriture et dont la reliure en cuir gaufré est semée de fleurs de

---

francs et que la population n'atteint pas 3,000 habitants. Le gouvernement français vint en aide à la ville, mais les pertes privées ne peuvent s'évaluer.

lys et de représentations de Saint-Sébastien martyr.

Ils commencent ainsi :

Ce sont les estatus instructions et ordonnances faictes et renouvellées pour l'entretènement du très noble et hault jeu de l'arc, donnez par Robert Lambart à présent demeurant à Noyon en l'an mil cinq cent et troys, au mois d'octobre, duquel jeu toutes gens de bien tant d'église nobles comme aultres se peulvent et doibvent jouer et entremettre et mesmement en ceste bonne ville de Ham par les connestables, roys, prévostz et plusieurs aultres compaignons et confrères de la connestablie de ladite ville, affin de advertir ceulx qui maintenant ou au temps advenir sont et seront de ladite connestablie et confrairie et par la manière et soubz les paines et conditions cy-après déclarées, et que chacun quy est et sera de ladite connestablie et confrairie ont juré et jureront en faisant le serment cy-après déclaré.

Il y est dit ensuite qu'il faut, pour entrer en cette confrérie, être de bonne vie et honnête conversation. On doit posséder un arc, payer son entrée, ce qui ne dispense pas de la bienvenue, assister aux offices du jour de Saint Sébastien ainsi qu'aux services des frères défunts ; il est défendu, quand les confrères de la connétablie seront au jardin, ou ailleurs, de dire ou faire nulles déshonnètetés, de *malgréer* Dieu, sa benoîte mère, monseigneur Saint Sébastien sous peine d'être grièvement puni de corps et d'amende selon le cas.

Il faut être exact à venir les jours ou l'on tire le geai et le rossignol et quand des confrères étrangers viennent en la ville de Ham, jusqu'au nombre de six, il convient de les recevoir courtoisement et de leur faire raison, à leur demande.

Une clause qui s'est perpétuée jusqu'à nos jours dans certaines sociétés est la suivante :

Item quant l'ung desdits frères de ladite confrairie et connestablie sera allé de vie à trespassement, le connestable, roys ou prévostz ont droit pour ladite connestablie d'avoir et requérir aux héritiers dudit deffunct son arc (*) et sa trousse la meilleure ou la somme de. . VIII liv. p.

Par une délibération du vingt-sixième jour d'avril 1539, l'observance de ces statuts est définitivement consacrée, décrétée, en foi de quoi non-seulement les chevaliers présents, mais encore ceux qui entrèrent dans la confrérie jus-

---

(*) Cette clause se trouvait inscrite dans tous les règlements des compagnies d'arc, d'arbalète ou d'arquebuse. On lit dans les statuts des arbalétriers rémois : « Aujourd'hui vendredi 23 juillet 1473, fut dit et célé- » bré en l'église de Reims, la messe et service pour » notre révérend père en Dieu messire Jean Juvenal des » Ursins, archevêque, duc de Reims, notre frère et » compaignon en son vivant, chevalier de l'arbalète de » la commune de Reims, trespassé le quatorzième jour » de ce présent mois de juillet, à la fin duquel service » fut requestée l'arbaleste dudit feu notre frère et ami à » nous estre baillée et délivrée qui a été par nous faite » armoirié des armes d'icelui. » *Bibliothèque historique de la France*, du P. Lelong, t. III, p. 320. Paris, 1771.

Il était d'usage de faire peindre son blason sur son arc et son arquebuse. Dans les milices communales d'un certain nombre de villes, les armes de trait portaient l'empreinte des écussons de la cité. On trouve dans les registres aux comptes de Lille, 1355, la mention du salaire payé à un certain Pierron de Sainte-Catherine, pour avoir peint 36 escuchonnes des armes de la ville sur les arcs. *De l'artillerie de la ville de Lille aux* XIVe, XVe *et* XVIe *siècles*, par de La Fons-Mélicocq, *Revue du Nord*, t. II, 78.

qu'en 1686 ont apposé au bas leurs seings et marques. Quelques-uns de ces deux cents noms, et plus, sont suivis de dessins grossiers représentant un objet caractéristique de la profession qu'exerce le récipiendaire.

En 1683, les archers de Ham remportèrent le prix général à Montdidier ; ils le rendirent le 4 juin 1686, d'après la permission du roi.

L'administration de la compagnie était confiée à un *connétable*, élu chaque année ; le titre de *roi* était acquis pour un an à l'archer habile qui abattait le geai, au jour de la Saint-Sébastien ; un prévôt maintenait la discipline dans la compagnie ; un porte-enseigne et un sergent en complétaient le cadre.

Le jardin ou étaient établis les *berceaux* était situé rue du Jeu de Paume.

A partir de l'année 1686, la compagnie des archers de Ham ne donne plus signe de son existence.

ARBALÉTRIERS. — Une compagnie de l'Arbalète, instituée à Ham, recevait en 1678, XII livres IIII sols, sur les deniers communs, comme encouragement. Les documents où il en est parlé sont rares et insignifiants.

ARQUEBUSIERS. — L'arquebuse remplaça l'arbalète et devint d'un usage presque général dès le XVe siècle.

La compagnie des chevaliers de l'Arquebuse qui dut se fonder à Ham, à cette époque n'a pas laissé de traces bien durables. En 1633, les Arquebusiers établissent des buttes dans leur jardin situé à l'angle formé par la rue de l'Arquebuse et celle du Marché-Franc.

Celui qui abattait l'oiseau tiré chaque année, était proclamé *roi* et à ce titre exempt de garde, fourniture et logement des gens de guerre. (*).

M. de Canizy fut le dernier capitaine de l'Arquebuse [1720].

Nous mentionnerons pour être complets une COMPAGNIE DE LA JEUNESSE, organisée militairement qui existait à Ham en 1675 ; et enfin la SOCIÉTÉ DE LA BELLE UNION DE LA PAIX ET DE LA FÉLICITÉ.

LE CLOQUEMAN (**)

Extrait d'une lettre de Brochart Du Breuil, conseiller au parlement à dom Pater, bibliothécaire de l'abbaye de St-Germain-des-Prés: (***)

« Il est dusage de charger un homme de recommander la nuit ceux qui sont morts aux prières des fidelles. La nuit du jeudy au vendredy saint cet homme va à minuit avec toute la populace sans le clerge a la porte de toutes les eglises de Ham chacun chante le vexilla regis ou des psaumes en chemin et quand il est à la porte de chaque eglise il dit : on recomande a vos prières lasme de deffunt nostre seigneur Jesus - Christ lequel a passé cette nuit a trepas frapés Judas. »

« Il étoit dusage anciennement de choisir un

(*) Ch. Gomart.

(**) Celui qui recommande les trépassés aux prières des fidèles.

(***) On peut lire l'original de cette curieuse lettre, à la mairie de Ham, dans le vol. VII, de la collection Léon Paulet. Brochart Du Breuil avait été exilé à Ham à la suite de la dissolution des parlements.

Judas lequel etoit ordinairement le dernier de la procession que lon battoit dimportance. Aujourd'huy cet usage est abolly on se contente de fraper sur des planches ou de fraper avec des sabots ce qui fait beaucoup rire. » [3 avril 1771]

Les Sots de Ham

« Le Picard est né malin, c'est le Français par excellence... son pays offre le rare exemple d'un terroir où l'esprit pousse et où la vigne ne pousse pas. » M. Francis Wey qui commence ainsi sa charmante monographie du Picard devait-il faire une exception pour les hamois, depuis si longtemps qualifiés de *sots* ? Qu'on se rassure. Nos aïeux, à l'humeur plaisante, ne s'épargnaient pas les moqueries. Chacun tenant pour son clocher, appliquait à ses voisins des épithètes peu flatteuses que l'on se garda bien d'oublier. On dit encore : les *singes* de Chauny, les *beyeux* de Saint-Quentin, les *bacouais* d'Amiens, etc. L'origine de ces appellations n'est pas toujours blessante. « Il y avait dans cette ville, (Ham) lit-on dans une lettre écrite en 1735, une compagnie de *fous*, qu'on nommait les *sots de Ham*, sobriquet qui est demeuré aux habitants. » Tout est expliqué !

Cette compagnie était fort ancienne et très connue.

Il existait, dans un grand nombre de villes, des associations de joyeux compères qui, aux jours gras principalement, se chargeaient de divertir le peuple et se permettaient dans leurs *farces* ou *soties*, des allusions, des attaques contre les puissants du jour qu'on ne tolérerait certes pas maintenant. Les archives de Ham ne nous apprennent rien, malheureusement, sur cette singulière confrérie et il nous faut encore recourir au savant conseiller au parlement qui nous a raconté la bizarre cérémonie du Cloqueman.

Il était d'usage dans la ville de Ham , parmi les rieurs d'élire un prince qualifié *Prince des sots*. Il formait sa cour de ceux de son espèce et avait pour marques de sa dignité un habit tel qu'on peint celui des Momus et un bonnet garni de grelots ; son sceptre était une marotte. Sa troupe, divisée en cavalerie et infanterie n'avait pas d'uniforme, mais des habits de masques. La cavalerie était composée de chevaux d'osier, il y avait un trou, au droit de la selle, par où le cavalier passait. Un caparaçon empêchait qu'on ne vit ses jambes. L'enseigne de cette troupe était un drapeau semé de croissants avec des marottes de Momus en sautoir.

Les jours gras, le Prince partageait sa compagnie en trois escouades qui se tenaient aux portes de la ville. Chaque chef tenait en main une marotte noircie avec de la suie de cheminée et la faisait baiser aux femmes qui ne voulaient pas mettre de l'argent dans un bassin et ils appelaient cela *Saint Souffrant*. Si quelque vieille se mariait, le prince des sots et sa troupe ne manquaient pas de faire charivari. Si quelque mari patient se laissait dominer par sa femme on allait en grande pompe l'éveiller du matin et lui faire faire le tour des rues de la ville, monté dans un tombereau.

Ces singeries occasionnaient des querelles. Un lieutenant général, en 1648 , ayant voulu y mettre ordre, manda le prince des sots et lui demanda de quel droit il en usait ainsi ; il lui fit réponse qu'il était autorisé par des lettres patentes des anciens seigneurs de Ham. Le lieutenant général demanda à les voir et les jeta dans le feu. Depuis ce temps, ajoute Brochart du Breuil, on n'a plus entendu parler de la compagnie des *sots de Ham*.

Ce qui prouve la vivacité des traditions dans nos provinces c'est que les descendants du dernier chef de la compagnie des sots ont conservé le nom de *Prince*.

MONUMENTS

I. — Abbaye.

« Un des plus beaux ornements de la ville de Ham, écrivait en 1700, l'auteur de la vie de Saint-Vaneng, est l'abbaye des chanoines réguliers. Elle était avant le douzième siècle, une collégiale de chanoines, autrefois Réguliers. (*) Mais comme la plupart des autres, elle avait été sécularisée : (**) depuis, Odon Ier, seigneur de Ham, la remit entre les mains de Baudri, évêque de Noyon, qui y rétablit les Chanoines Réguliers en 1108. Pascal II l'érigea la même année en abbaye et lui accorda plusieurs priviléges que ses successeurs ont confirmés ou augmentés. »

(*) C'est-à-dire suivant une *règle* spéciale, vivant en commun, ne possédant rien en propre et prononçant les trois grands vœux.

(**) C'est-à-dire composée d'ecclésiastiques qui ne sont pas astreints à suivre une *règle particulière*.

Façade de l'Abbaye

L'Abbaye de Notre-Dame, de l'ordre de Saint-Augustin, avait sous sa dépendance les trois paroisses de Ham et sept autres cures du doyenné. Sa prospérité ne fit que s'accroître jusqu'au moment ou l'on substitua aux abbés réguliers des abbés commandataires (*) [1532]. Cette innovation porta un coup fatal aux institutions monastiques, aussi les vit-on décroître rapidement.

Pour porter remède à ce mal on dût affilier les Chanoines de Ham aux congrégations de moines réformés. Dès 1641, les religieux de l'Abbaye de Sainte-Marie se détachèrent de la maison-mère de Saint-Victor, de Paris, pour embrasser la réforme de la Congrégation de France.

Le costume des religieux de Ham était la robe de laine blanche des Génovéfains. Quand ils sortaient de l'abbaye pour exercer leur ministère dans leurs cures respectives, ils portaient l'habit noir.

Par sa bulle du 29 janvier 1469, le pape Paul II avait ajouté au droit de l'anneau et de la crosse que l'abbé de Ham avait déjà, celui de la mître et des habits pontificaux.

Cette abbaye jouissait d'une réputation méritée, tant par la grandeur de ses édifices, par la richesse de sa bibliothèque que par le nombre et la célébrité de ses abbés Réguliers et Commandataires et par les hommes remarquables qu'elle a produits : Saint Gilbert, évêque de Meaux, Wibert et Fribert, abbés de Vermand, Gobert de Ham, abbé des Aulnes.

(*) *Commande* : Titre de bénéfice donné par le pape à un ecclésiastique *séculier* ou à un laïque, *nommé* par le roi. L'abbaye était dirigée par un prieur claustral.

A la fin du dix - huitième siècle, ses revenus s'élevaient à plus de 30,000 livres.

Ses archives avaient été consumées dans le grand incendie qui la détruisit de fond en comble, pendant le sac de la ville en 1411.

Sa bibliothèque contenait 8,688 volumes imprimés, des manuscrits, des évangéliaires, un Antiphonaire remarquable. Toutes ces richesses ont été gaspillées, ainsi que bien d'autres, en 1793, et des ouvrages les plus précieux on fit un feu de joie sur la place de Ham, sous prétex te d'anéantir *les monuments de la religion et de la féodalité;* ce qui prouve que depuis le Kalife Omar qui fit brûler, en 640, ce qui restait de la bibliothèque d'Alexandrie parce que les livres qu'elle contenait, étant ou n'étant pas conformes au Coran, étaient dans l'un et l'autre cas inutiles, les hommes n'ont pas changé.

Les bâtiments de l'Abbaye formaient avec l'église un vaste rectangle le long duquel courait un cloître reliant entre elles les diverses parties de l'édifice.

Les principales constructions étaient l'église, devenue paroissiale, l'abbatiale, la bibliothèque, le logement des religieux ; le presbytère actuel et la caserne de Saint - Quentin en dépendaient et servaient de basse-cour, de logement de jardiniers, en un mot de communs.

L'abbatiale qui reliait l'église à la bibliothèque existe encore. On y pénetre par une porte monumentale orné de quatre colonnes corinthiennes surmontées d'élégants chapiteaux, avec frise et corniche délicatement sculptées. La date *1701* est gravée dans le fronton. Les appartements de l'Abbé, richement meublés, reçurent

Beffroi et Eglise Saint-Pierre

à diverses reprises Louis XIV, allant en Flandres (*).

L'ancienne bibliothèque s'élève parallèlement à l'église. Son pignon, donnant sur la rue Notre-Dame, porte encore des sculptures qui rappellent sa destination. Le logement des Religieux, situé à l'est, reliait la bibliothèque au chevet de l'église. Ce magnifique corps de logis, formé de trois étages au dessus du rez-de-chaussée, fut complètement rasé pendant la Révolution.

La loi du 19 février 1790, supprima l'abbaye ; le mobilier fut vendu le 19 novembre 1791 et un hôpital militaire fut installé dans ces vastes bâtiments. Finalement on vendit, comme bien national, ce qui en restait à M. Joachim-Prosper Foy pour la somme de 13,500 livres !

Nota. — M. Gomart pense, d'après quelques remarques ingénieuses, que l'abbaye a été primitivement construite au nord de l'église. Des observations minutieuses nous permettent d'appuyer l'opinion du savant archéologue. En effet, nous avons examiné trois portes murées depuis des siècles, l'une sous la quatrième fenêtre, et les deux autres dans le bras du transept, du côté Nord. Pourquoi trois portes si les bâtiments qui existaient sur l'emplacement de la caserne n'eussent été qu'une dépendance de l'Abbaye ? De plus, deux piliers butants, portent des entailles et aussi des saillies qui prouvent qu'une bâtisse considérable était appliquée contre cette partie de l'église.

Le sceau de l'Abbaye, tel qu'il était au XIVe

(*) Deux de ces appartements avaient reçu le nom de *Salle du Roi* et *Salle du Dauphin*.

siècle représente une vierge nimbée, assise, portant la boule du monde d'une main, de l'autre un enfant Jésus nimbé, bénissant de la dextre, avec cette légende ✝ *Sigillum Sanetæ Mariæ Hamensis.*

Le contre-sceau donne le buste de l'Abbé, entouré de ces mots ✝ *Confirma Hoc Deus.*

Par la suite ses armes furent : D'azur semé de fleurs de lys d'or, à une Notre-Dame assise d'argent, brochant sur le tout et tenant son petit Jésus de même.

II. — Anciennes Eglises.

La ville était, avant 1790, répartie en trois paroisses, desservies par les chanoines réguliers de l'Abbaye, sous le titre de prieurs-curés.

Eglise Saint-Pierre. — Beffroi. — La paroisse Saint-Pierre embrassait la partie septentrionale de la ville et avait pour limites, au midi, les rues de la Fontaine et de l'Arquebuse qui la séparaient de la paroisse Saint-Martin.

L'église Saint-Pierre paraît avoir appartenu à l'époque romane secondaire, bien que le chœur et l'abside fussent beaucoup plus élevés et d'une autre époque que la nef, comme on peut en juger par une ancienne vue de Ham. Elle possédait les deux chapelles de Saint Jean-Baptiste et de la Sainte Vierge outre la chapellenie de Sainte Madeleine qui jouissait d'un revenu de 600 livres, à charge de trois messes par semaine et d'un office solennel en la fête de cette sainte, le 22 juillet.

Les biens et revenus du prieuré nous sont

Eglise Saint-Pierre

connus par la déclaration qu'en fit, le 12 février 1790, le dernier titulaire Jean-Pierre Bedos ; ils s'élevaient à 106 setiers 1/2 de blé et à 683 livres (*).

L'église a été vendue en 1793, (**) puis démolie en 1799.

La tour qui servait de clocher s'élevait à gauche du portail ouest. Elle fut conservée grâce aux instances des officiers municipaux et a servi depuis lors de beffroi.

Voici ce que nous lisons dans le livre des délibérations de 1792 : « Messieurs les administrateurs du département sont également suppliés d'accorder aussi gratuitement à la commune, la tour construite en grais, servant de clocher à l'église supprimée de la paroisse de Saint-Pierre, pour continuer de servir *comme elle a toujours fait, de Befroy*. L'assemblée a d'autant plus lieu d'espérer cette faveur, que de tradition ancienne, cette tour a toujours passé pour appartenir à la commune, étant d'ailleurs détachée et séparée du corps de l'église, ce qui est d'autant plus intéressant, qu'en plaçant dans cette tour la cloche qui appartient à la ville, elle serait entendue de toutes parts, au lieu que celles qui sont placées dans le clocher de l'église de Notre-Dame conservée pour seule paroisse, étant petites et à une extrémité de la ville ne peuvent être entendues que dans le même quartier. » (***).

Le beffroi en question est formé dans sa base de grès et de pierres dures ; sa partie supérieure, en briques, présente des baies à plein-

---

(*) Registre des déclarations p. 15.
(**) Etude de Me Dubois.
(***) Délibération du 12 janvier 1792.

cintre qui servent d'ouïes ; il se termine par un toit en charpente très élevé. Sur la façade, une statue de Saint-Pierre, placée dans une niche, partage en deux la devise célèbre des ligueurs :

VNG DIEU
VNG ROY
VNE FOI
VNE LOY

Le mot ROY et les quatre écussons sculptés au-dessous de la devise ont été mutilés pendant la tempête révolutionnaire (*).

Le beffroi possédait trois cloches qui furent descendues le 20 août 1793 et conduites au district de Péronne. Elles furent remplacées par les trois cloches de l'église N.-D., qui datent de 1807, auxquelles on ajouta la belle cloche de l'église Saint-Martin donnée à la ville en 1791.

On monte à la sonnerie par un escalier de 91 marches, construit dans l'épaisseur du mur.

Eglise Saint-Martin. — L'église Saint-Martin, la plus importante des paroisses de Ham, était située à l'angle droit de la rue de Noyon et de la Grande-Rue, avec cimetière à sa suite.

Elle datait de la fin du xvie siècle et présentait la forme d'une croix latine. Dans les bras de la

---

(*) Les niches pratiquées dans les contre-forts, ainsi que les sculptures qui les décorent, sont postérieures à la construction du beffroi.

Eglise Saint-Martin

Chapelle de la Gésine

croix se trouvaient la chapelle dite des Cloches et celle de N.-D. du Mont-Carmel. C'est de son clocher que partit le coup qui frappa à mort, pendant le siège de 1595, le brave d'Humières, lieutenant du roi en Picardie.

Les souvenirs qui nous restent de cette église sont : la grosse cloche du beffroi, refondue en 1818, quelques épitaphes (*), la statue de Saint-Eloi dans l'église paroissiale, la croix du cimetière (**), le maître-autel, acheté pour 340 livres par Médard Vasseur, cultivateur à Hombleux ; il est aujourd'hui l'autel principal de l'église de cette commune.

La paroisse Saint-Martin comprenait toute la partie méridionale de la ville, le Château-Fort et le hameau de Flamicourt.

Le dernier prieur-curé fut Jean-François Mercier qui fit la déclaration des revenus de sa cure le 20 février 1790 ; ils s'élevaient à 1,425 livres, outre 426 livres en fondations (***).

Eglise Saint-Sulpice. — L'église Saint-Sulpice, située dans la localité du même nom, (qui fit longtemps partie de la commune de Ham dont elle a payé les charges jusqu'en 1793) n'avait rien de remarquable comme monument ; toutefois l'on prétend que sa disposition intérieure offrait quelque intérêt. Elle fut vendue en 1794. Il y a dix-sept ans environ le bâtiment principal était encore debout. La belle maison presbytérale existe toujours. Lors du rétablisse-

---

(*) Celles de Robert-César de Comberville — des Artus de la Croix — de J.-B. Chazette.

(**) Sur la tombe de M. Masse.

(***) M. S. c.

ment du culte catholique comme religion de l'Etat, le faubourg fut réuni pour le spirituel à la paroisse de Ham.

Le dernier prieur-curé Pierre-Louis Haillot fit, en 1790, la déclaration des revenus de sa cure, s'élevant à 834 livres et 47 setiers de blé. (*).

CHAPELLE DE LA GÉSINE. — CORDELIERS. — Sur l'Esplanade derrière le Calvaire de la porte de Noyon, à 20 mètres des casemates, s'élevait une chapelle que les habitants de la ville avaient fait bâtir, on l'appelait *chapelle de la Gésine* (**) ou du Calvaire. Le registre des délibérations en fait plusieurs fois mention. Elle fut vendue en 1794, mais n'a disparu qu'en 1818.

Au dix-septième siècle, les *Cordeliers* essayèrent de fonder un établissement à Ham. Ils achetèrent à cet effet un terrain sur lequel ils construisirent une chapelle dont les murs existent encore ; on en voit le portail dans la rue du Marché-Franc.

Ces religieux, faute de ressources ne purent se fixer définitivement à Ham et ils vendirent en 1750 la dernière portion du terrain qui leur restait en propriété.

La *Croix du Marché au blé*, située derrière la pompe qui a disparu pour faire place à la statue du Général Foy, remontait à 1331. En l'assemblée du 21 octobre 1792, il fut décidé que « la croix en pierre existant sur la Place serait détruite, que les fleurs de lys qui y sont seraient

(*) M. S. c.

(**) Ce nom lui vient de ce qu'on allait y prier pour les femmes en couches.

Eglise Abbatiale. Vue latérale

Eglise de l'Abbaye Notre-Dame

grattées, que les matériaux formant le piédestal seraient vendus au profit de la commune. »

III. — L'Eglise et la Crypte

EGLISE

L'église paroissiale, ancienne église de l'abbaye, est le seul des monuments religieux de Ham qui ait échappé au vandalisme révolutionnaire.

Cette construction qui partagea plus d'une fois le sort de la ville, si souvent prise, pillée, incendiée, est un mélange de plusieurs genres d'architecture. On peut dire cependant qu'elle appartient au style roman du XIIe siècle et on la classe parmi les monuments de transition, parce que l'on y trouve comme dans les trois types de ce genre (*) l'harmonieuse superposition de l'ogive au plein-cintre.

Du plateau qui domine les marais d'Estouilly et la commune de Saint-Sulpice l'église apparaît svelte et dégagée. Pour en mieux apprécier l'élégance extérieure il faut se placer au nord, en face du chevet. Celui-ci est divisé en trois étages dont l'inférieur est formé par la crypte ; il est soutenu par cinq piliers butants qui, malgré leur force, ne manquent pas de légèreté. Tout ce côté de l'édifice est du style romano-ogival et appartient à cette architecture moins lourde, qui caractérise le siècle de transition. N'étaient la construction parasite que l'on voit à

(*) Laon. Noyon. Saint-Germer.

gauche et la sacristie, faite de briques et de grès, ce chevet serait, en son genre, un très-beau morceau d'architecture. Il est l'œuvre de trois maçons du pays dirigés sans doute par quelque moine.

Le portail, élevé de neuf marches au-dessus de la chaussée, mérite de fixer l'attention.

Les voussures du porche sont à plein cintre et les chapiteaux de ses piliers portent des figures bizarres. Trois fenêtres feintes, à colonnettes, ornent la partie supérieure du portail : la décoration en est romane, la forme ne l'est déjà plus.

Ce porche a dû échapper aux nombreux incendies de la ville et doit remonter à l'année 1108 qui vit construire l'édifice primitif. A droite du grand porche est un petit portail latéral par lequel les fidèles entrent communément. Il est d'ordre ionique et date vraisemblablement de la restauration de la nef principale. Il porte dans son tympan un médaillon en relief figurant la Vierge.

Le clocher, construit sur la croisée des toits (*) au centre du transept, affecte dans sa base la forme de dôme ; mais il s'amincit bientôt pour se terminer en une flèche longue et fort aiguë. Il renfermait autrefois les quatre cloches de l'abbaye, il n'en possède plus de nos jours qu'une seule donnée par Napoléon III et bénite par son aumônier, Mgr Tirmarche, ancien curé-doyen de Ham.

Prise dans son ensemble, l'église N.-D. est très régulière, parfaitement orientée, présentant la forme d'une croix latine et mesurant 60^{m}50 de long, hors d'œuvre, sur 17^{m}50 de large

(*) 1762.

Portail

Caveau des Sépultures des Religieux sous la nef de l'Eglise

dans la nef, 28 dans le transept, et 16m94 de haut, du pavé à la voûte (*).

Entrons maintenant dans le temple et suivons l'ordre naturel qui s'impose à tout visiteur. La nef, le buffet d'orgues, le maître-autel, les chapelles, satisferont sa curiosité, la crypte forcera son admiration.

La *nef principale* est d'un effet imposant et serait irréprochable si son architecture ne se ressentait des changements successifs apportés à l'ornementation. Ainsi les nervures des voûtes ogivales retombent sur des chapiteaux ioniques ou corinthiens ; aux piliers romans ont succédé des pilastres ; partout les regards rencontrent des enjolivements de la renaissance ; tandis que l'abside, les collatéraux et la crypte appartiennent purement à l'époque de transition et portent déjà le cachet de cette belle architecture française du XIIIe siècle, appelée gothique, on ne sait trop pourquoi.

Au-dessus des arcades qui séparent la nef des bas côtés ont été appliqués des moulages en plâtre, représentant les faits principaux de l'Evangile et des Actes des apôtres d'après les tableaux des grands maîtres. Ces trente-deux bas-reliefs, que l'on aurait tort de qualifier de chefs-d'œuvre, ont cela de remarquable qu'ils sont peut être la collection unique en ce genre.

Le tableau qui fait face à la chaire (**) provient de l'ancienne chapelle du fort ; c'est une excel-

---

(*) Du dallage du chœur à la tête du coq, on mesure 52 mètres.

(**) La chaire de vérité est une imitation de celle d'Amiens.

lente copie du Christ de Philippe de Champagne. A l'entrée du chœur, à gauche, il en est un autre fort curieux qui a trait à la réforme de l'abbaye par le célèbre père Faure, réformateur de tous les chanoines de la Congrégation générale de France au XVIIe siècle (*).

Le *Buffet d'orgues* est très estimé pour le fini de ses boiseries sculptées. L'ensemble de la Montre en fait l'un des plus beaux ornements de l'église. Construit en 1763 par Louis Péronard, de Reims, pour remplacer celui qui avait été la proie des flammes (**), le grand orgue fut restauré en 1845, 1854 et 1877. Il est supporté par six colonnes en marbre rouge de Flandre, surmontées de chapiteaux en pierre blanche.

Le *Maître-autel*, véritable monument, est érigé au milieu du sanctuaire. L'autel proprement dit, ainsi que le palier, les marches et les piédestaux des colonnes sont en marbre rouge de Flandre. Six colonnes d'un seul jet en marbre de Sainte-Anne, supportent un baldaquin à la fois riche et élégant.

Comme pour accompagner et faire ressortir le maître-autel, des marbres de toute nuance ont été appliqués avec profusion contre les murs du sanctuaire et dans les entre-colonnements (***).

(*) Les grisailles des fenêtres de la nef, d'un style peu conforme à l'architecture du monument, font ressortir les trois verrières du fond de l'abside. Celle du milieu, offerte par Mme Gomart, représente N.-D., titulaire de l'église ; les deux autres, placées par les soins de M. l'abbé Jacob, figurent Saint Pierre et Saint Martin, titulaires des anciennes paroisses de Ham.

(**) Le 27 avril 1763 la foudre tomba à trois reprises sur l'église.

(***) Deux riches crédences, l'une style Louis XIV,

Tout cet ensemble donne une haute idée de l'opulence des anciens abbés de Ham (*).

Les chapelles de Saint Maur et de Saint Vaneng se font face aux deux extrémités des bras de la Croix. Toutes deux sont dans le style du maître-autel et leurs marbres répètent le contraste qui existe entre les colonnes de celui-ci et celles qui soutiennent le buffet d'orgues. Deux renfoncements ménagés dans les bras du transept ont été convertis en chapelles, l'une dédiée au Sacré-Cœur, l'autre à N.-D. des Sept Douleurs.

Au fond des deux collatéraux du chœur, fort intelligemment restaurés, ont été placés deux riches autels, l'un consacré à N.-D. de Lourdes, don d'une famille reconnaissante, l'autre dédié aux saints François-Xavier, de Sales et d'Assise, offert en ex-voto par M. le doyen actuel, à la mémoire de ses parents défunts.

La chapelle terminale est, suivant l'usage, consacrée à Notre-Dame. Un riche autel en marbre blanc est surmonté d'une statue de la Vierge montant au ciel, entourée de nuages et de rayons. Toute cette décoration, d'un goût douteux, produit de la nef un assez bon effet, en ce qu'elle remplit le vide qui s'ouvre sous le baldaquin du maître-autel (**).

Depuis près d'un quart de siècle que M. l'abbé

---

l'autre style Louis XV sont à remarquer dans le sanctuaire.

(*) L'opinion commune attribue toute cette riche décoration à Louis Fouquet, abbé commandataire de Ham, de 1659 à 1702.

(**) Cette chapelle possède les reliques de saint Elidor, martyr, renfermées dans une belle châsse et rapportées de Rome par un savant hamois, l'abbé Goart.

Jacob est préposé à l'administration de la paroisse, l'église N.-D. n'a cessé de s'embellir. Le chœur a été pavé en marbre, la nef planchéiée, un calorifère établi ; le gaz a remplacé les quinquets fumeux ; sept autels ont été érigés, enfin une foule de dons précieux sont venus ajouter à la richesse déjà si considérable de cette belle église (*).

C'est ici le lieu de raconter brièvement la vie du patron de la ville de Ham, dont le culte est resté si populaire dans la contrée.

Vaneng, de famille noble, naquit au commencement du septième siècle, à Fécamp, en Normandie. Il embrassa, jeune encore, la carrière des armes dans laquelle il se distingua rapidement. Ses talents militaires, sa sage administration, lui acquirent l'estime et la confiance du roi Clotaire III qui le nomma gouverneur du pays de Caux. Vaneng usa de son crédit et de sa fortune pour faire le bien. Il fonda de ses propres deniers l'abbaye de Fécamp qui, dès le début, compta plus de trois cent soixante religieuses. Puis, dégoûté du monde et en butte, selon toute apparence, à la haine du cruel Hébroïn, il se retira dans son monastère où il mourut le 9 janvier 686.

Le corps du saint fondateur fut conservé à l'abbaye de Fécamp, mais lors de l'invasion des Normands, au IXe siècle, les religieuses durent s'enfuir et se réfugier en Picardie. Les reliques du saint furent déposées au Mesnil, près Ham, d'où elles furent ensuite transportées à l'abbaye de cette ville qui le prit pour son patron secondaire. Sa fête commença d'être chômée à partir de 1515 et donna lieu à la foire dite de saint Vaneng, qui existe encore.

(*) Les auteurs ne se sont pas étendus sur la description de l'église, malgré l'importance de ce monument, parce qu'ils se proposent de publier une monographie complète de l'Abbaye de Ham. (Note de l'éditeur.)

Crypte (avant sa restauration)

Crypte (vue prise de la nouvelle entrée)

Ces reliques, enfermées dans une châsse magnifique, eussent été anéanties en 93, sans le zèle du bedeau de Saint-Pierre qui les cacha dans le cimetière de cette paroisse. Elles furent reconnues et réintégrées en 1796. Placées dans une nouvelle châsse, elles sont déposées dans la chapelle consacrée au saint, dans l'église de Ham (*).

CRYPTE

La partie la plus remarquable assurément de l'église Notre-Dame est une vaste crypte située au-dessous du sanctuaire de l'édifice et classée au nombre des monuments historiques du département.

La Crypte de Ham, estimée la plus belle des anciennes cryptes du Nord de la France, est composée d'une nef, terminée en hémicycle, soulagée au centre par trois colonnes rondes monolithes, et de deux collatéraux se réunissant à la nef centrale par des arcades à ogives surbaissées, soutenues par de gros piliers garnis de colonnes. Elle est éclairée par sept fenêtres en grisailles modernes portant les écussons de l'abbaye, du château, des seigneurs et des souverains dont l'histoire se rattache par quelque point à celle de la ville de Ham (**).

(*) Deux tableaux ornent les murs de cette chapelle, l'un, représentant l'apparition de sainte Eulalie à saint Vaneng, est l'une des rares toiles, provenant de l'abbaye; le sujet de l'autre est saint Charles Borromée donnant la communion aux pestiférés, offert par M. Ch. Gomart.

(**) Voici les dimensions de la crypte :

Nef	Longueur	13 m. 25.
	Largeur	9 m.

Cette crypte est dans le style en usage vers la fin du XIIe siècle. Ses piliers trapus et comme écrasés sur leurs bases massives, la lumière indécise, le silence qui y règne lui donnent un mystérieux cachet de grandeur et de force. Sa construction, d'une solidité à toute épreuve, est formée pour les colonnes monolithes de pierres dures d'Autrèches, pour la maçonnerie, en appareil moyen, de pierres de Falvy et du Passillon en Santerre.

Les chapiteaux à tailloirs carrés des colonnettes groupées portent dans leur tympan des feuilles simples et à leurs angles des crosses végétales. Les bases sont munies de griffes à leur tore inférieur.

Les voûtes sont ogivales, d'arête ; les arcs-doubleaux et les formerets sont, aux premières travées, bordés d'un simple biseau ; mais, aux dernières et à l'abside en hémicycle ils sont garnis d'un tore muni d'une légère arête. Les branches d'ogive ont à leur point de départ une sorte d'embasement.

Lorsque l'on s'arrête devant les trois colonnes de la nef principale et que l'on contemple les nervures qui jaillissent des chapiteaux on croirait voir autant d'arbres étendant de toutes parts leurs rameaux séculaires.

Autrefois deux entrées donnaient accès dans l'église souterraine par les collatéraux, l'une destinée au peuple, l'autre réservée aux religieux. L'entrée actuelle se trouve près de la

---

Elévation 4 m. 50.

Collatéraux { Longueur 9 m. 25.
Largeur 4 m. 50.

Sceau d'Odon IV, seigneur de Ham [1223]

chapelle de Saint Vaneng dans la partie gauche du transept (*).

La crypte de Ham semble avoir eu une destination spéciale. On connait l'usage des cryptes dans les premiers temps du christianisme ; on sait aussi que, dans les siècles de foi, alors que l'art était dans toute sa splendeur, on construisait des cryptes uniquement pour rappeler les églises primitives.

Contre-Sceau d'Odon IV

On pense que la crypte de Ham servait pour les offices nocturnes des chanoines pendant l'hiver. Nous pourrions croire encore qu'elle fut le lieu de sépulture des seigneurs de la ville si un manuscrit de la bibliothèque nationale (**) ne

(*) S'adresser pour visiter la crypte, en face du portail de l'église, chez M. Ch. Chobeaux.

(**) Cité par M. Gomart.

venait contredire cette opinion en nous apprenant que les corps qui y reposent actuellement n'y ont été transférés qu'en 1620. Néanmoins, depuis deux siècles elle est comme la chapelle sépulcrale de la famille d'Odon IV.

On voulut, à une certaine époque, y enterrer les religieux de l'abbaye, mais on dût renoncer à ce projet de crainte d'ébranler les fondations de l'église.

Marie, fille d'Odon IV, fonda dans la crypte, en 1242, une chapelle, sous le vocable de saint Etienne afin d'y faire offrir le saint sacrifice pour les âmes de ses parents défunts. Les fidèles placés dans l'église supérieure pouvaient voir le prêtre officier aux autels latéraux de l'église souterraine ; mais toute cette disposition est changée.

La crypte renferme quelques dalles tumulaires et deux belles tombes en pierre sculptée, du XIIIe siècle. L'une est celle d'Odon IV, seigneur de Ham.

Le baron est couché sur le dos, une cotte de maille, sur laquelle est jetée la tunique franque, enserre ses membres ; ses pieds reposent sur un chien, emblème de fidélité ; de la main droite il saisit son épée, de la gauche il soutient l'écu chargé de trois croissants.

Autour de la pierre, on lit cette inscription gravée en creux : .... ODO QVARTVS DNS HAMENSIS QVI OBIIT SEXTO KALENDAS OCTOBRIS ANNO DNI MILLESIMO DV CENTESIMO TRIGESIMO QVARTO.

« .... Odon IV, seigneur de Ham, qui mourut le six des calendes d'octobre, l'an du seigneur 1234 » [22 septembre].

L'autre tombe, d'un travail plus fini est celle d'Isabelle de Béthencourt, épouse d'Odon. La tête de la châtelaine, ceinte d'un diadême, s'appuie sur un coussin au-dessus duquel on aperçoit un agneau de Dieu, au nimbe croisé, sculpté en relief sur un médaillon soutenu par deux anges. Une riche agrafe retient le manteau qui se déploie par dessus les épaules ; la robe longue, flottante, aux plis gracieux, est relevée par une ceinture. La noble dame a les mains jointes dans l'attitude de la prière. Une aumônière, emblême de charité, pend à son côté.

Dans cet admirable art chrétien tout est symbole : Ce rude seigneur prêt à tirer l'épée, cette dame qui prie, n'est-ce pas la force mise au service de la foi, cette vertu du moyen-âge ?

L'inscription est la suivante : ..... ISABELLA FILIA HVGONIS DE BETHENCOVRT ET VXOR QVARTI ODONIS DOMINI HAMENSIS.

« ..... Isabelle, fille de Hugues de Béthencourt, épouse d'Odon IV, seigneur de Ham. »

Il existe près de ces deux tombeaux les fragments d'un troisième que l'on suppose avoir été celui d'un fils d'Odon. L'enfant porte une robe courte qui ne lui descend que jusqu'aux genoux et le mot HAMENS.... est le seul de son épitaphe qui ne soit pas effacé.

Lors de l'établissement du boulevard du Nord le pourtour de la crypte fut complètement dégagé et assaini ; une restauration complète, sous la direction de M. Duthoit, est en voie d'exécution.

IV. — Anciennes Fortifications

La ville de Ham et le faubourg de Saint-Sulpice, étaient entourés d'une ceinture de murailles flanquées de bastions et percées de portes à ponts-levis défendues par des ouvrages extérieurs.

Les fortifications dont il reste une partie datent du quinzième siècle. Vauban construisit plus tard les ouvrages avancés ; mais Louis XIV, bien décidé à ne laisser aux mains des grands seigneurs aucune place importante, fit démolir ces dernières constructions dans le même temps environ qu'était rasée la tour de Cléry, près Péronne.

Les tours et bastions principaux étaient, sur le rempart du Nord : La tour du *Corps de garde des Bordeaux*, à l'angle formé actuellement par le boulevard du Nord et la rue du Moulin-à-vent ; puis dans la direction de la porte de Saint-Quentin, la *Tour du Pas-de-Cheval*, le *Corps de garde de la Tour Rouge*, la *Tour du Curé*, le *Bastion de l'Abbaye*.

Sur le rempart du Midi : le *Bastion de la Basse-Boulogne*, la *Tour de Rond*, la *Tour de la Fontaine*, la *Tour du Barnabin* et les deux tours qui protégeaient la porte de Noyon ; entre cette porte et celle de Chauny, le château - fort, dernier asile en cas de prise de la ville, continuait la ligne des fortifications.

Au faubourg : la *Tour de Beyne*, qui existe encore, la *Tour du Prieur*, la *Tour Jacquelet*, la *Tour de la Saillie* et le *Fer à Cheval* qui avait une porte donnant sur la Grenouillère.

La place de Ham avait trois portes, dites de *Saint-Quentin*, de *Noyon* et de *Chauny*. Les deux premières furent démolies en 1847, la dernière en 1852. A l'exception de la porte de Noyon assez élégamment édifiée dans l'ordre ionique, c'étaient de lourdes constructions.

Ham, place forte de troisième ordre, fut définitivement rayée du tableau de classement en 1842, mais le château fut conservé comme poste militaire.

Porte de Chauny

BIOGRAPHIES

Saint Gilbert

« Les Hamois assurent que saint Gilbert est leur compatriote et qu'il fut quelque temps chanoine au monastère de la B. V. Marie, de cette ville, avant que des moines n'y fussent appelés par Baudry, évêque de Noyon.

Et cette ville, (Ham) bien que de peu d'importance, illustre néanmoins par l'éclat de sa maison, outre Gilbert, se glorifie d'avoir été le berceau d'un homme qui excella dans la littérature et l'histoire, Jean de Bellins, abbé d'Arrouaise, dont la parole éloquente et fleurie fit l'admiration des pères du concile de Latran, sous Alexandre III (*). »

Les parents de Gilbert, Foucart et Gilla, de

(*) Acta sanctorum, februarii tomus secondus. *Bollandistes 5* de S. Gilberto, sive Gisleberto, épiscopo Meldensi in Galliâ commentarius historicus.

noble origine, confièrent l'éducation de leur fils au clergé de Saint-Quentin. Adjoint au collège des chanoines de cette ville, il fit par sa piété l'admiration des clercs et des laïcs. Odon, comte de Vermandois, l'eut en estime singulière et l'attira souvent à sa cour.

La renommée de sa vertu engagea Ercanrade, évêque de Meaux, à se l'attacher. A la mort de ce pontife, Gilbert fut appelé par la volonté de Dieu et les vœux unanimes du peuple à lui succéder [995]. Il administra avec sagesse l'église de Meaux, fut miséricordieux envers les pauvres, doux aux bons, sévère pour les méchants.

Sur la demande de son clergé il divisa en deux parties les revenus ecclésiastiques, l'une qu'il attribua à l'évêque, l'autre au chapitre. Cet acte date de 1004.

Après avoir, pendant vingt années, été la lumière de son troupeau, il s'éteignit dans le seigneur, sous le règne du roi très chrétien Robert de France.

Son corps fut enseveli en l'église du B. Etienne, de Meaux, devant l'autel, et son tombeau fut le siège de nombreux miracles.

Jeanne Malin

L'histoire de Jeanne Malin peut trouver place ici, autant parce qu'elle se rattache à celle de la ville où elle fonda un établissement important que pour réfuter les attaques passionnées que le célèbre Nicole dirigea contre elle et qui ont trouvé de l'écho chez de modernes historiens.

Jeanne naquit à Ham, dans le milieu du dix-septième siècle, de Claude Malin et de Marie Loyer. Après avoir passé sa jeunesse dans des pratiques de piété et de charité elle conçut le dessein de fonder dans sa ville natale une maison d'éducation religieuse.

Elle alla à Paris s'en ouvrir à Catherine Fontaine, qui l'approuva. Celle-ci avait encouru la haine de Nicole, directeur de Port-Royal-des-Champs, qui fit paraître contre elle un écrit diffamatoire.

Jeanne entra à Port-Royal, pour se former à la vie religieuse. Nicole, qui du reste rendit toujours justice à ses hautes qualités, fit tous ses efforts pour l'y retenir. Mais Jacques Villery, son directeur, prêtre licencié en droit canon, l'arracha à une communauté *peu soumise à l'église et au roi*. Ce fut l'origine de l'inimitié de Nicole, inimitié qui se traduisit, malheureusement, par des libelles violents.

L'évêque de Noyon, François de Clermont-Tonnerre, octroya à la sœur Malin la permission de s'adjoindre quelques bonnes filles. Jeanne, de ses deniers et de ceux de son directeur, fit construire un corps de logis où elle commença d'enseigner en juillet 1677.

Le chanoine Alet qui lui avait proposé de prendre la direction de la Sainte Famille de Noyon, dont il était fondateur, et qui avait essuyé un refus, changea les dispositions de Mgr de Clermont-Tonnerre. Il alla même jusqu'à insinuer que la liaison de Villery et de Jeanne Malin n'était pas toute spirituelle.

Le prélat semonça vertement Villery qui se justifia fort bien.

Tout aurait pu s'arranger sans Nicole, qui dans le même temps, écrivait à Paris contre la sœur Malin et son directeur. M. de Noyon ajouta foi aux écrits du célèbre théologien, exila Villery à Autun, fit retirer les patentes que sœur Malin avait obtenues du roi pour l'établissement de sa maison et obtint une lettre de cachet qui enfermait la directrice chez les Annonciades de Meulan, sous un secret exclusif. Puis il tomba comme la foudre à la maison de la Providence et il lui sembla respirer dans cette communauté *quelqu'air de quiétisme*, dit fort joliment Colliette. C'en fut assez pour disperser les compagnes de Jeanne Malin.

Au bout d'une année cette sainte fille sortit des Annonciades et entra à l'Hôpital général de de Rouen où elle vécut et mourut saintement vers 1693.

Valincourt

Jean-Baptiste-Henry du Trousset de Valincourt, conseiller du roi en ses conseils, secrétaire général de la marine, secrétaire des commandements du comte de Toulouse, est né à Ham, l'an 1653.

La recommandation de Bossuet le fit entrer dans la maison du comte de Toulouse, prince du sang, grand amiral de France, auprès duquel il fut blessé, lors de la victoire de Malaga.

Il succéda à Racine à l'Académie française. Louis XIV le nomma son historiographe en place de cet illustre poète. On sait que l'histoire du roi, commencée avec Boileau, ne fut jamais achevée.

C'était, dit la *Biographie universelle*, un de ces demi-seigneurs, demi-gens de lettres qui, n'étant pas assez titrés pour frayer avec les Montmorency, les Mortemart, les Larochefoucauld, et n'ayant pas assez de talent pour rivaliser avec les Corneille, les Boileau, les Racine, voulaient jouer le rôle d'auteur auprès des gens de qualité, et celui d'homme de qualité auprès des auteurs.

Quoiqu'il en soit, si Valincourt n'a laissé la réputation que d'un écrivain de second ordre, il fut considéré de son vivant comme un homme d'un goût éprouvé, d'une probité et d'une franchise à toute épreuve et d'un caractère conciliant, ce qui a bien son prix.

Boileau lui adressa, en 1698, sa XIe satire :

Oui, l'honneur, Valincour, est chéri dans le monde

Cet honnête gentilhomme fut admis à l'Académie des sciences en 1721. Il mourut en 1730.

Ses principales œuvres sont :

Lettres sur la princesse de Clèves, critique judicieuse et pleine d'aménité ; la *Vie de François de Lorraine, duc de Guise* ; des stances, des contes, des traductions en vers, une lettre sur Racine, etc.

Son portrait est à Versailles.

Il portait *de sinople, au lion d'or, lampassé et armé de gueules.*

Foy

Le comte Maximilien-Sébastien FOY, est né à Ham, le 3 février 1775, de Florent-Sébastien Foy, marchand, élu maire en 1776, et de Elisabeth-Joachime Visbecq. Il fit, chez les Oratoriens de Soissons, de fortes études qu'il termina à l'âge de quatorze ans. Son goût prononcé pour la carrière militaire engagea sa famille à le faire entrer à l'école d'artillerie de

La Fère et ensuite à celle de Châlons-sur-Marne.

Il en sortit avant l'âge de seize ans, comme lieutenant en second et alla rejoindre l'armée du Nord avec le 3e d'artillerie.

Ses premières armes furent brillantes, son avancement fut rapide. Lieutenant à Jemmapes, capitaine peu après, il fut arrêté pour quelques propos contre-révolutionnaires et emprisonné à Cambrai. La chute de Robespierre et de sa faction (9 thermidor) le sauva des mains du trop fameux proconsul Joseph Lebon.

Il fit sous Moreau, le second homme de guerre de l'époque, les belles campagnes de l'an IV et de l'an V. Il y rencontra Desaix et, malgré les différences d'âge et de grade, une liaison, fondée sur la conformité de leurs idées, s'établit entre ces hommes supérieurs.

Quand, après sa classique retraite, Moreau arriva sur le Rhin, Foy se distingua de la façon la plus brillante. A Huningue, son protecteur et ami, le général Abbatucci, meurt dans ses bras ; à Diersheim, il attire sur lui le feu de l'ennemi et donne ainsi à l'infanterie française l'occasion de passer le fleuve ; le lendemain de cette affaire il est nommé chef d'escadron sur le champ de bataille, et quoique blessé, refuse de quitter sa batterie.

Sur la recommandation de Desaix, le général Bonaparte le choisit pour aide de camp. Foy décline cet honneur sans qu'on puisse s'expliquer les motifs de son refus.

L'Autriche avait violé le droit des gens en faisant assassiner les plénipotentiaires français au congrès de Rastadt; la France répondit à cet attentat par une levée en masse. Masséna prit le commandement des armées du Danube et d'Helvétie. Le chef d'escadron Foy fit partie de l'avant-garde que dirigeait Oudinot et il se conduisit de telle sorte que Masséna, remarquant sa bravoure et son sang-froid, le nomma adjudant-général chef de brigade, lors de ces douze jours de glorieux combats qui portent le nom de bataille de Zurich [7 octobre 1799].

Foy servit ensuite sous Lecourbe, l'incomparable tacticien de la guerre de montagnes, sous Moreau qui le jugea officier de grande espérance ; il entra en Italie avec Moncey, commanda la place de Milan [1801], et revint en France à la paix d'Amiens avec le grade de colonel du 5e d'artillerie à cheval.

Il resta pendant neuf années colonel et prit part à la campagne d'Autriche [1806] sous les ordres de Marmont.

Envoyé à Constantinople, il tint les Anglais à bonne distance des Dardanelles, passa de là en Portugal où le grade de général de brigade vint enfin le chercher en 1808. Dans cette ingrate guerre d'Espagne, si impolitique et si immorale, tous ses commandements sont marqués par des victoires sur les Anglais et les Espagnols.

Masséna, fort empêché d'arriver à Lisbonne, l'expédia de Santarem pour porter à Paris les demandes du général en chef et répondre de vive voix aux questions de l'empereur. Il exécuta à travers un pays ennemi la traversée la plus périlleuse mais en même temps la plus heureuse qui se puisse imaginer.

Il se présenta aux Tuileries. Foy joignait à beaucoup de bravoure, à beaucoup d'esprit une imagination vive, souvent mal réglée, mais brillante qui éclatait en traits de feu sur un visage ouvert, attrayant, fortement caractérisé (*).

Napoléon Ier fut étonné de la lucidité des vues du général, de sa vaste instruction, de la profondeur de ses connaissances militaires ; de son côté, Foy fut complètement séduit par l'homme extraordinaire qui l'entretenait de ses gigantesques projets, et quitta Paris, sinon convaincu, du moins frappé d'admiration. Un don de vingt mille francs l'indemnisa de ses pertes et de ses malheurs en Espagne, et le grade de général de division le récompensa de ses services.

A Salamanque, à Vittoria, il déploya toutes ses qualités militaires, mais sur le champ de bataille d'Orthez, une blessure, la plus grave qu'il eût encore reçue, le força d'abandonner sa division.

Pendant sa guérison le gouvernement de la France avait changé. Louis XVIII le nomma inspecteur général d'infanterie à Nantes. Le retour de Napoléon qu'il ne prévoyait ni ne désirait, fut l'occasion d'une formidable coalition. Foy n'hésita pas un seul instant. Plus tard il disait à la tribune : « Nous avons couru à Waterloo comme les Grecs aux Thermopyles, tous sans crainte et presque tous sans espoir. Ce fut l'accomplissement d'un magnanime sacrifice ; et voilà pourquoi ce souvenir, tout douloureux qu'il puisse être, nous est resté précieux à l'égal de nos plus glorieux souvenirs. » (**)

Il culbuta les Belges aux Quatre-Bras et le jour de Waterloo tint en respect les Anglais à

(*) M. Thiers.
(**) Séance du 30 mars 1820.

la ferme de Houguemont. Là encore il fut grièvement blessé, comme s'il n'avait dû être épargné dans aucun combat.

Le vaillant soldat rentra dans la vie civile et de 1815 à 1819 il continua ses études.

Propriétaire censitaire à Pithon, petit village près de Ham, il fut porté à la députation par les électeurs du département de l'Aisne, en juillet 1819.

L'occasion seule lui avait manqué pour devenir un des grands hommes de guerre de son temps, mais il sera malgré la tournure un peu romanesque de son esprit, un homme politique de haute valeur et après, ou avec M. de Serre, le plus brillant orateur d'une assemblée qui en compta tant d'excellents. Son début à la chambre fut le discours sur l'ordre de la Légion d'honneur (*)

« Pendant un quart de siècle, presque tous nos citoyens ont été soldats : depuis la paix, nos soldats sont redevenus citoyens. Souvenirs, sentiments, espérances, tout fût, tout est resté commun entre la masse du peuple et notre vieille armée. Aussi les paroles qui s'élèvent de cette tribune pour consoler de nobles misères sont-elles recueillies avec avidité jusque dans les moindres hameaux. Il y a de l'écho en France quand on prononce ici les mots d'honneur et de patrie ! »

On fut surpris de cette éloquence, on le fut plus encore quand on l'entendit toucher à toutes les questions de droit public, de politique étrangère, de finances, et les résoudre, les expliquer, les illuminer de l'éclat de son génie.

Ce budget de la France, si compliqué, si

(*) 30 décembre 1819

volumineux il en connaissait les secrets, il en parcourait les dédales, c'était son étude journalière.

Le général Foy avait les dehors, la pose et les gestes de l'orateur, une mémoire prodigieuse, une voix éclatante, des yeux étincelants d'esprit et des tournures de tête chevaleresques (*).

Ses grands discours étaient laborieusement préparés, sinon dans leur forme définitive, du moins la trame en était faite avec soin ; à la tribune il distribuait sur cette trame les ornements qui se présentaient à son esprit et l'on applaudissait à ce dessin correct revêtu de si riches couleurs.

Pendant sept sessions, il fut député et prononça cent sept discours dont quelques-uns sont restés comme des modèles d'éloquence parlementaire.

Défenseur ardent de la Charte et de la royauté constitutionnelle, son opposition était plus sage, plus raisonnée que celle du parti dont il était l'orateur ; aussi sa popularité était-elle immense. Il s'en montrait flatté.

Sa mort, arrivée le 25 novembre 1825, après une courte et douloureuse maladie de cœur fut un deuil public.

Toutes les classes de la société se pressèrent à ses funérailles ; la jeunesse des écoles voulut porter son cercueil. Il eut cette fortune rare aux hommes politiques, de succomber au moment de sa plus grande renommée.

Foy n'avait pas fait comme tant d'autres de la politique un métier ; il ne laissa aucune fortune à ses enfants : On

---

(*) Cormenin.

sait qu'une souscription, ouverte sur sa tombe, produisit en quelques jours la somme de *un million*, qui fut remise à sa famille.

Il avait épousé en 1806, la fille adoptive du général Baraguey-d'Hilliers.

On rapporte, dit Timon (*Livre des orateurs*) que l'intérieur de sa vie était admirable, une vie de soldat et de citoyen, tendre et honnête dans ses affections de famille, dévouée à ses amis, simple et studieuse, intègre, naïve, désintéressée et digne, à l'exemple des grands hommes de l'antiquité, d'être racontée par un autre Plutarque.

Il eut pour enfants 1° Blanche, épouse de M. Piscatory ; 2° Louis-Fernand-Arthur, ancien pair de France ; 3° Tiburce, préfet des Ardennes ; 4° Elisabeth, épouse de M. Gallos, député ; 5° Maximilien, officier d'état-major.

En 1831, un tombeau lui fut élevé au *Père La Chaise* par souscription publique. Il est de David d'Angers pour la sculpture, de Léon Vaudoyer pour l'architecture. La statue de Foy est drapée à l'antique. ce qui est une faute de goût, elle est fort belle d'ailleurs ; des quatre bas-reliefs qui ornent le soubassement, *le Convoi*, est réputé une des meilleurs œuvres de David d'Angers.

Gérard fit le portrait du général. Horace Vernet est l'auteur d'un portrait gravé par Achille Le Fèvre. Bra et Flatters sculptèrent son buste. Caunois exposa sa statue au salon de 1831. Enfin le Conseil municipal de Ham a décidé l'érection d'une statue en bronze, au plus illustre de ses enfants. L'inauguration en a eu lieu solennellement le 20 Juillet 1879.

Bibliographie : On a publié quatre volumes d'une histoire inachevée de la *Guerre de la Péninsule* sous Napoléon par le général Foy.

Discours du général Foy, précédés d'une notice biographique par M. P.-F. Tissot, Paris 1826 ; *Pensées du général Foy*, précédées d'une notice par Henri Perrin, Paris 1821 ; *Eloge historique du général Foy*, par Paul Lacroix, Paris 1825 ; *Vie militaire, politique et anecdotique du général Foy*, Paris 1825 ; *Vie militaire et politique du général Foy*, par Vidal, Paris 1826 ; *Démosthène et le général Foy*, souvenirs contemporains, de Villemain ; *Dictionnaire constitutionnel* ou *Esprit du général Foy*, Paris 1826.

Les armes du général Foy, baron de l'empire, se lisent ainsi : *D'azur semé d'étoiles d'argent à la barre de même, chargée de trois tourteaux de sable ; franc-quartier des barons sortis de l'armée.*

Vadé

Jean-Joseph Vadé naquit à Ham, le 18 janvier 1720 — paroisse Saint-Pierre.

Son père Jacques Vadé, marchand, et sa mère Anne la Carrière, allèrent s'établir à Paris en 1726. Ils firent donner de l'instruction à leur fils qui en profita peu.

Son goût pour la poésie et le plaisir se développa rapidement.

En 1739, il obtint un emploi de contrôleur du vingtième à Soissons et à Laon dont, pendant quatre ans, il fit les délices ; il en revint en 1743, universellement regretté ; il passa un an à Rouen, fut deux ans attaché à M. le duc d'Agénois en qualité de secrétaire, enfin ses amis et ses protecteurs cherchèrent à le fixer à Paris et on lui procura un emploi au bureau du vingtième (*).

(*) OEuvres de Vadé. Edition de Londres 1785.

Dès 1749, il jouissait d'une certaine réputation comme chansonnier poissard ce qui n'empêcha pas la première comédie qu'il donna au public d'être unanimement sifflée. On n'en prisait pas moins son talent puisqu'en 1752 il eût la fortune d'être le poète à la mode.

Ce garçon, dit Collé dans son journal, menait une vie fort dissipée, aimait le jeu à la fureur ; il était d'un commerce doux et aimable, chantait fort joliment, surtout des chansons poissardes ou le vaudeville qui avait quelque caractère :

Courtille, Porcherons, Villette
C'est chez vous que puisant ces vers,
Je trouve des tableaux divers ;
Tableaux vivants où la nature
Peint le grossier en miniature (*).

Voilà où notre poète allait chercher l'inspiration. Cependant si l'on est de l'avis d'Alceste qui, au sonnet ambré d'Oronte, préfère la chanson naïve du roi Henry, on devra, en lisant quelques passages de Vadé, accorder au sévère Nicolas, que

Tous les genres sont bons hors le genre ennuyeux.

Il en est, de ces passages, tout imprégnés de naturel, comme dans les *Lettres de la Grenouillère*, d'autres, tout remplis de gaieté, comme dans *le Mauvais Plaisant*. Le gros sel domine, la morale n'est pas bien sévère; ailleurs la plaisanterie est risquée et devient tout à fait grivoise. On était au milieu du XVIIIe siècle, siècle de financiers, d'abbés poupins, de philosophes à la manière de Sénèque écrivant un traité de la pauvreté sur une table d'or, où, entre le rigorisme des der-

(*) La pipe cassée. Chant II.

nières années du règne de Louis XIV et le déluge prévu par Louis XV on se hâtait de jouir.

C'est une explication, non pas une excuse que je présente. Les œuvres de Vadé ne formeront l'esprit pas plus qu'elles n'élèveront le cœur de personne.

Il ne manquait, certes, ni d'invention, ni de facilité, ni d'esprit d'observation.

Dans le genre sérieux il a d'assez bons vers :

Heureux celui qui plein d'un noble zèle,
A cœur ouvert sert un ami fidèle,
Et qui sachant parler, penser, agir,
En l'obligeant ne le fait point rougir,
Soit qu'en tout point il prenne sa défense,
Soit qu'il l'arrache à l'affreuse indigence ;
L'amitié parle, il connait ses accents,
Il la prévient, et par ses soins pressants
A ce qu'il aime il rend bientôt le calme
Sans exiger ni couronne ni palme :
Le vrai plaisir, celui de bienfaiteur
Est tout le prix dont jouisse son cœur,
Et l'on ne sait dans cet instant propice
Lequel reçoit ou rend un bon office (*).

Mais son vrai genre est le genre poissard, dont il reste le créateur et le maître.

En voici un échantillon (**) :

Dans les fleurs que vous avez prises
Je réclame un bouquet que j'ai payé... — *Qui? vous?*
-- Oui moi ; tâchez de me le rendre.

(*) Epître sur l'amitié.

(**) Il est nécessaire, pour l'agrément de la lecture, de tâcher de prendre l'inflexion de voix poissarde aux endroits marqués de guillemets........ *(Avertissement de Vadé)*.

— Monsieu l'a dit, on l'y rendra :
— Qu'il est genti ! — Y s'fache ! — Y rira :
— Sa bouche commence à s'fendre ;
Ce s'rait ben dommage de l'pendre
Car il paraît qu'il grandira.
— Vous m'insultez, leur dis-je, et je vais vous apprendre
Qui je suis. — *Ah ! comme il nous l'apprendra !*
Mon double cœur ! quand tu serais le gendre
Du Diable qui t'emportera ;
Pince donc c'bouquet si tu l'ose.....
— Donnez-ly du vinaigre, y n'aime pas l'eau de rose.
— Qui je suis... — *Eh ! Qu'es-tu donc avec ton grand*
Ton habit qui se meurt ! et ta fameuse épée ! [*chapiau,*
— *C'est*, dit l'autre, *un seigneur, un cadet du châtiau*
Qu'est tout vis-à-vis la Rapée.
Il grince des dents ! ah j'ai peur !
Parlez donc, monsieu la terreur,
Faites donc pas comme ça, ça gâte l'visage.
Jérusalem ! saint Jean, mon doux Sauveur !
Qu'il est dégourdi pour son âge !
Trois poulets d'Inde et pis monsieur
Feraient un fringant attelage ! (*)

Louis XV lui accorda une pension de 400 livres, pour un petit opéra-comique intitulé l'*Impromptu du cœur* qu'il composa à l'occasion de l'attentat de Damiens [Janv. 1757].

Quelques mois plus tard [Juillet 1757] on lui fit une douloureuse opération à laquelle il succomba, âgé de 37 ans et demi.

Téniers est immortel pour avoir peint des *magots de Hollande*, Vadé fait parler les marchandes de poissons que le peintre Anversois fait danser si drôlatiquement dans ses Kermesses et il s'achemine, lui aussi, par un petit sentier vers le *Temple de Mémoire*.

(*) *Les quatre bouquets poissards*. Premier bouquet.

PELTIER (*)

Jean-Charles-Athanase Peltier, est né dans la ville de Ham — paroisse Saint-Pierre — le 22 février 1785.

Simple ouvrier horloger, il devint non-seulement honorable commerçant, ce qui souvent provient d'une heureuse fortune, mais littérateur, philosophe, ce qui implique des dons particuliers et, de plus, micrographe, physicien, météorologue, ce qui dénote un amour ardent du travail et une grande tenacité de caractère et d'esprit.

Son père, homme intelligent d'ailleurs, était sabotier. Remarquant les dispositions précoces de son fils pour la mécanique, il le mit en apprentissage à Saint-Quentin chez un allemand, horloger de son métier et fort brutal de sa nature.

Chez cet homme qui, par tous les moyens, contrariait son goût de l'étude, l'enfant demeura deux ans ; il partit ensuite pour Paris, où il connut la misère.

On était en 1803, Peltier céda à l'entraînement général, et pensa à entrer dans la marine. La crainte de causer par cette résolution la mort de sa mère l'arrêta.

Il travailla deux ans chez le célèbre Bréguet.

En 1806, il se maria et se mit dans le commerce d'horlogerie qu'il exerça jusqu'en 1815. La mort de sa belle-mère le mit à la tête d'une

---

(*) Les faits relatés dans cette biographie sont empruntés à une *Notice sur la vie et les travaux scientifiques de J.-C.-A. Peltier*, par son fils. Paris 1847.

fortune très modeste, qui lui permit de se livrer exclusivement à ses études.

Pendant son stage d'ouvrier horloger il n'avait pas perdu son temps. La littérature étant alors à la mode il avait versifié et même fait une comédie.

Comment d'horloger il devint météorologue est chose intéressante à raconter. La tendance naturelle de son esprit explique sa vie. Il marchait de déductions en déductions et, si un fait particulier l'arrêtait, loin de se borner au résultat il en recherchait patiemment la cause.

A 31 ans il voulut apprendre le latin à son fils âgé de sept ans à qui il avait enseigné déjà l'anglais. Il commença, pour ce faire, à écrire une grammaire latine en langue anglaise. Il s'aperçut que les anglais aussi bien que les français apprenaient à leurs enfants, à traduire leur propre langue en latin, sans se soucier le moins du monde des règles de la grammaire générale.

Ce procédé lui paraissant essentiellement vicieux il fit une grammaire latine comme on ferait en France une grammaire française ; elle ne fut pas achevée et voici pourquoi : voulant y faire une introduction, il fut conduit à rechercher l'origine des idées, et il creusa si bien la question qu'il abandonna la grammaire pour l'idéologie. Les prépositions qui expriment les rapports entre les personnes et les choses l'arrêtèrent en passant et il écrivit un traité des prépositions latines.

Gall enseignait alors à Paris. Son système touchait de trop près aux études de Peltier pour que celui-ci ne suivît point avec assiduité les leçons du célèbre anatomiste. De là à étudier la conformation du cerveau humain il n'y avait pas même un pas. Voilà Peltier disséquant. L'homme étant un animal compliqué il se rejeta sur les animaux à structure simple et il dut s'armer du microscope pour saisir le secret de l'existence des infusoires. Il devint en peu de temps habile micrographe.

On expliquait tout par l'électricité : génération, contraction musculaire, sensibilité des nerfs, etc.

Peltier étudia en conséquence la physique pour avoir des notions d'électricité.

Cette fois enfin il était dans sa voie et il la parcourut glorieusement. Il travailla cinq ans dans le silence, s'aidant d'instruments délicats que son habilité de mains lui permettait de construire et que son ingéniosité lui faisait perfectionner.

Sa première communication à l'Académie des sciences date de 1830. Pendant quinze ans il produit des mémoires sur les questions les plus variées qu'il étudie, simplifie, explique.

De l'électricité dynamique il passa a l'électricité atmosphérique.

« Le 18 Juin 1839, une trombe ravagea la propriété de M. Hérelle à Châtenay. La Compagnie d'assurance refusa de payer les dégâts, prétendant que les trombes n'étaient point un phénomène électrique. Pour s'éclairer sur ce point, M. Hérelle alla trouver Peltier, dont les travaux commençaient à être connus et appréciés. Peltier se rendit sur les lieux, et bientôt grâce à sa parfaite connaissance de l'électricité, il eut déterminé le véritable caractère de ce phénomène. Il écrivit d'abord à l'Académie des sciences, une lettre à ce sujet ; plus tard ses idées se développèrent et, en 1840, il publia son *Traité des Trombes.* »

En 1842, dans le tome IV des annales de chimie et de physique, 3e série, parurent ses *Recherches sur la cause des phénomènes électriques de l'atmosphère.* Grâce à cet ouvrage il doit être appelé l'un des créateurs de la météorologie, cette science qui sera féconde en résultats ; des observations multipliées qui ont été faites, il reste à dégager les lois invariables qui régissent les mouvements de l'atmosphère.

La surexcitation continuelle du cerveau usa son vigoureux tempérament. Il négligea une indisposition gagnée au service de la science et il s'éteignit doucement dans la plénitude de son intelligence le 27 octobre 1845, à l'âge de 60 ans.

Peltier laissa la réputation d'un travailleur infatiguable, d'un savant distingué et d'un homme intègre.

On ne peut mieux terminer sa biographie que par ces paroles prononcées sur sa tombe par Milne-Edwards :

« Le récit de sa vie sera d'un enseignement
» utile pour les hommes qui, au début de leur
» carrière, se sentiraient découragés par leur
» isolement et croiraient ne pouvoir acquérir,
» sans appui, ni gloire, ni fortune. »

De quelques Familles Hamoises

Il suffira de citer quelques familles essentiellement hamoises dont les membres rendirent à l'Etat de signalés services : les Bouzier d'Estouilly, d'Estouilly, les De Blottefière, de Voyennes, qui donnèrent à la France de bons officiers sous la monarchie et le premier empire.

Les La Gastine, dont l'un fut fait baron de l'empire, dont un autre, connu sous le nom du chevalier Absolut, fut un remarquable officier de marine.

Les De Lignières, seigneurs de Viefville : Anne-Modeste comte de Lignières, fut nommé par le roi maire de la ville de Ham vers le milieu du xviiie siècle ; sa bravoure lui valut à 22 ans, le titre de chevalier de Saint-Louis ; Marie-Henry, fit comme officier dans la vieille garde les campagnes du premier empire ; le comte Gustave, son fils, est aujourd'hui général de cavalerie.

Les Benoist de Mondescourt, qui donnèrent aux armées de l'empire de vaillants officiers.

Louis Josselin, l'intrépide major de cavalerie, l'émule de Murat qui disait : « une armée ne me fait pas peur » et qui sur tous les champs de bataille depuis Jemmapes jusqu'à la campagne de France le prouva de reste.

Les Foy, qui, outre le célèbre orateur comptent encore deux députés et deux généraux de division.

Les Pleineselve, bons gentilshommes et soldats éprouvés.

Les frères Thuet, écrivains, dont l'aîné est l'auteur du *Guide des humanistes.*

Nous ne pouvons oublier de citer, à la suite de ces biographies, le nom du célèbre M. de la Condamine. Il est né à Paris en 1701, mais il s'est marié à Ham et il a habité à différentes reprises, la maison portant le numéro 2, dans la rue de la Gendarmerie.

C'est là qu'il vint se reposer de ses fatigues au retour de sa fameuse mission dans l'Amérique du Sud.

Nous citerons aussi le nom de M. Vital-Honoré TIRMARCHE, né à Abbeville en 1796, curé-doyen de Ham pendant la captivité du prince Louis-Napoléon. Le prisonnier de Ham devenu empereur n'oublia pas son ami des mauvais jours : il le nomma aumônier de sa maison et le fit sacrer évêque *in partibus* d'Adras.

Homme de mérite et de doctrine Mgr Tirmarche tint avec dignité, mais sans orgueil, sa place aux Tuileries. Il avait voué à la personne de Napoléon III une amitié éclairée et il ne put survivre à sa chute.

Les armes parlantes que prit l'évêque d'Adras sont assez curieuses pour être blasonnées : Fort de Ham sablé sur fond d'argent, surmonté du palais des Tuileries or sur fond de gueules, avec cette légende : *Tua, pater, providentia gubernat.*

FAMILLES DE LUXEMBOURG ET DE BOURBON

La famille de Luxembourg a jeté tant d'éclat sur notre pays, par les illustres personnages qu'elle lui a donnés, et son histoire se rattache par tant de points à l'histoire générale de l'Europe, que nous n'hésitons pas à lui assigner le premier rang dans la biographie hamoise.

La maison de Luxembourg a donné cinq empereurs à l'Allemagne, trois rois à la Bohême, un à la Hongrie. Elle a fourni une impératrice, six reines, un saint et la plupart de ses membres ont rempli les principales dignités de l'empire et de la France au moyen-âge.

Quant à la branche qui était en possession du

domaine de Ham, elle a produit : Louis de Luxembourg, connétable de Saint-Pol ; Marie de

Château au XVIe siècle.

Luxembourg, et par l'alliance de celle-ci avec la famille de Bourbon, elle a produit : Antoine de

Bourbon, père de Henri IV et Antoinette de Bourbon aïeule de Marie Stuart reine de France, d'Angleterre et d'Ecosse.

« Le premier comte de Luxembourg fut Sigefroy, qui, suivant la légende provenait de Pharamond. Parmi ses descendants, Ermesinde épousa Waleran de Limbourg, qui prit le nom de Luxembourg. Ils eurent pour fils Henri. Des deux fils de ce dernier, Henri II hérita du Luxembourg et Waleran eut en partage la seigneurie de Ligny en Bavarois et le *comté de Saint-Pol* en Artois » (*).

La famille de Luxembourg vint se fixer à Ham, comme nous l'avons dit au cours de cette histoire, par suite du mariage de Jean de Ligny avec Jeanne de Béthune, veuve de Robert de Bar.

Jean de Ligny, chef des Bourguignons, partisan des Anglais à qui il avait livré Jeanne d'Arc, avait vu confisquer ses biens par l'ordre du roi Charles VII. Il mourut sans enfant au château de Guise en 1440. Sa veuve fut réintégrée dans ses biens un an après. Dès 1435 elle avait donné en mariage à Louis de Luxembourg, sa fille, Jeanne de Bar, qu'elle avait eue de son premier mari. A sa mort [1450], Louis de Luxembourg entra en possession du domaine de Ham.

A cette époque le château de Ham est dans toute sa splendeur : Luxembourg le complète et élève le célèbre donjon. Mais Jeanne de Bar étant morte en 1462, il épouse [1464] Marguerite de Savoie, belle-sœur du roi de France Louis XI,

---

(*) C'est de ce Waleran que descend Louis de Luxembourg : de là son titre de comte de Saint-Pol et ce nom donné à la grosse Tour.

qui l'éleva bientôt à la dignité de connétable. Nous avons raconté ailleurs la fin tragique d'une si haute fortune.

« Outre les appointements attachés à ses offices, outre de nombreux droits féodaux prélevés en France, en Bourgogne et dans les Pays-Bas, outre ses places de châtelain et de gouverneur, le connétable possédait plus de 100 villes et villages (dont nous avons l'énumération). Il était, après le duc de Bourgogne, le plus riche seigneur terrier du royaume ; et encore de combien n'accrut-il pas ses propriétés par son mariage avec la sœur de la reine de France ?

La plupart de ses seigneuries étaient garnies de châteaux-forts dont dépendaient de nombreux fiefs et arrière-fiefs. Presque toutes étaient garnies d'un riche mobilier et les principales contenaient une riche bibliothèque, le connétable étant grand amateur de livres. Ses joyaux, sa vaisselle d'argent, son linge et ses habillements s'élevaient à des sommes immenses. Il possédait une forte artillerie et de nombreuses munitions de guerre. En outre de ses seigneuries, il possédait des terres éparses en France, en Allemagne, en Bourgogne, en Lorraine, dans les Pays-Bas, en Italie. Il nommait à de nombreuses places civiles, militaires et religieuses, avait presque une armée à sa solde et possédait des hôtels à Amiens, Bruges, Guise, Meaux, Mons, Paris, Soissons, Saint-Quentin et Cambrai.

Il ne manqua à cet homme que de la fermeté pour balancer la fortune de Louis XI et de Charles le Téméraire et faire tomber sur sa tête la couronne de France que porta plus tard Henry IV, son arrière-petit-fils. » (Léon Paulet.)

De Louis de Luxembourg et de Marguerite de Savoie naquit PIERRE DE LUXEMBOURG qui eut

Entrée du Fort de Ham (d'après le dessin d'Aug. Joson)

pour filles FRANÇOISE et MARIE DE LUXEMBOURG, la grande châtelaine de Ham. Marie de Luxembourg épousa d'abord son oncle maternel, Jacques de Savoie, comte de Romont, dont elle eut une fille qui épousa le duc de Nassau.

Elle se maria en secondes noces [1487], avec FRANÇOIS DE BOURBON.

Marie de Luxembourg est une des plus hautes personnifications de la châtelaine du moyen-âge : largeur de vues, force de caractère, bonté de cœur inépuisable, tout s'est réuni pour faire de l' « Illustre Dame » la gloire la plus pure de notre histoire locale. Elle consacra les cinquante années de son veuvage uniquement à faire le bien ; sa charité s'étendit à tous et lui mérita le nom de *Mère des Pauvres*. Elle dota l'Hospice de Ham, en régla le mode d'administration ; elle fit des largesses à l'abbaye, comme le prouve le monument érigé à la mémoire de son premier mari dans l'église abbatiale ; elle fit fonder entre autres établissements le lavoir public connu sous le nom de fontaine Saint-Martin ; et la France lui doit la fondation de la verrerie de Saint-Gobain.

Mais ce qui a acquis à cette princesse des titres bien plus grands à la reconnaissance de la nation, c'est d'avoir mis au monde dans le château de Ham :

François de Bourbon,
Louis de Bourbon,
Antoinette de Bourbon.

FRANÇOIS DE BOURBON gouverneur de l'Ile-de-France et du Dauphiné, naquit à Ham le 6 octobre 1491. Il accompagna François Ier dans son expédition du Milanais, prit une part glorieuse à la bataille de Marignan, où il fut créé chevalier par Bayard. Plus tard il défit les Anglais au combat de Pas en Artois.

En 1525, il fut fait prisonnier à la bataille de Pavie, mais il s'évada de prison, et, rentré en France, il fut nommé gouverneur du Dauphiné.

François de Bourbon eut pour fils le Cardinal CHARLES DE BOURBON, élu par les Ligueurs roi de France, sous le nom de Charles X ; et ANTOINE DE BOURBON, gouverneur de Picardie, puis roi de Navarre et père de Henry IV roi de France.

LOUIS DE BOURBON, cardinal, autre fils de Marie de Luxembourg, naquit à Ham le 2 janvier 1493.

D'abord évêque de Laon, il fut successivement promu à l'évêché du Mans [1516] et à l'archevêché de Reims [1536]. Il avait dans l'intervalle été élevé par Léon X à la dignité de Prince de l'Eglise, du titre de Saint-Sylvestre.

C'est lui qui baptisa François II, à Fontainebleau, et couronna Catherine de Médicis à Saint-Denis, le 10 juin 1549.

ANTOINETTE DE BOURBON, fille de Marie de Luxembourg, naquit au château de Ham, le 25 décembre 1494. Elle épousa Claude de Lorraine, premier duc de Guise. De cette union naquirent un grand nombre d'enfants dont voici les plus célèbres :

1° François de Lorraine surnommé *le Balafré*, héritier de la maison de Lorraine, qui fut tué au siège d'Orléans par un gentilhomme nommé Poltrot. Il avait épousé Jeanne d'Est, et eut pour fils : HENRI Ier, DUC DE GUISE et LOUIS, CARDINAL DE LORRAINE, assassinés aux Etats de Blois [1588] par ordre de Henri III ; et le fameux DUC DE MAYENNE.

2° CHARLES, cardinal de Lorraine.

3° MARIE DE LORRAINE, épouse de Jacques V,

roi d'Ecosse : c'est de leur union que naquit l'infortunée MARIE STUART, reine de France, d'Angleterre et d'Ecosse.

Comme on en peut juger, par cette courte et incomplète énumération, cette famille est plus que suffisante pour illustrer notre pays.

LE CHATEAU

I. — Aperçu général et historique

De quelque côté que l'on contemple le Château de Ham, on reste étonné par la masse imposante de ses constructions où tout respire la force. Ce n'est pas l'élégance de Pierrefonds ni la fierté de Coucy ; solidement assis dans une vallée, flanqué de tours aussi larges qu'élevées, ce château ne jette pas à l'ennemi un défi insolent, il semble l'attendre de pied ferme, sûr de pouvoir résister à ses assauts. Et ce fut aussi cette idée qui présida à sa reconstruction, à une époque cependant, où l'artillerie renversait les donjons comme l'infanterie jetait à terre la cavalerie féodale.

L'œuvre du Connétable attend une monographie dont, certes, elle est digne. Des érudits, aussi habiles à manier la plume que le crayon, ont restauré pour le plus grand profit de l'art et de la science, quelques-unes des forteresses du moyen-âge, nos connaissances ne nous permettent pas de les imiter; nous nous contente-

Ancienne vue du Château à vol d'oiseau.

rons d'une simple description dont le lecteur voudra bien excuser toutes les imperfections.

Il a été dit au cours de cet ouvrage que le château primitif de Ham fut probablement une *bornière*, élevée par les comtes de Vermandois aux confins de leurs Etats. Les premiers seigneurs de la maison de Ham, issus de Vermandois, donnèrent sans aucun doute une plus grande importance à cette clef de leur apanage. Au commencement du treizième siècle, Odon IV fit creuser le fossé d'enceinte et fortifia si bien la position que Philippe-Auguste en prit ombrage et fit prêter serment à son féal, au gouverneur et au maïeur de Ham de rendre à leur seigneur le roi, le château, sitôt qu'ils en seraient requis.

Le duc d'Orléans, grand bâtisseur, ayant acheté le domaine de Ham, s'occupa immédiatement d'y apporter des modifications.

Après lui, Jean de Luxembourg, continua les travaux interrompus par la mort violente de l'ancien seigneur (*) et transporta l'entrée du fort de la courtine du Nord à la courtine de l'Ouest, où elle est actuellement.

Son neveu, Louis de Luxembourg, comte de Saint-Pol, connétable de France, apporta tous ses soins à faire du château l'une des places les plus fortes de l'Europe. C'est lui qui fit édifier, en 1461, la Grosse Tour, et qui, satisfait de son œuvre, fit sculpter au-dessus de la porte d'entrée cette devise ou ce mot de son humeur : MON MIEUX.

Saint-Pol, imbu des traditions féodales, n'avait compris qu'imparfaitement la révolution dans l'art de la guerre qui rendait à la fin du XVe siècle l'attaque supérieure à la défense et il

(*) Assassiné le 23 novembre 1407.

avait parfait, avec ce cachet d'utilité pratique et de fantaisie apparente gravé sur toute œuvre du moyen-âge, un ensemble de fortifications qui, deux siècles auparavant, eussent résisté à toutes les armées du royaume. Sans coup-férir, Louis XI rendit ces précautions inutiles et il envoya Luxembourg, en place de Grève, expier ses trahisons.

L'enceinte du fort est restée telle à peu près que le connétable la fit exécuter. De siècle en siècle les nécessités de la défense, surtout dans les œuvres hautes, en ont modifié l'aspect qui, en général, est lourd et froid.

L'œil pouvait autrefois se reposer agréablement sur les consoles des machicoulis qui entouraient les tours comme d'un élégant collier et couraient ensuite le long des courtines ; mais ce pittoresque encadrement a presque entièrement disparu.

II. — Enceinte et ouvrages extérieurs

L'entrée du château fut transportée du nord à l'ouest, par Jehan de Luxembourg, dans une large *Tour carrée* (10), en saillie de plus de trente pieds sur l'enceinte, reliée par une courtine de seize à dix-sept mètres du côté gauche, à la *Tour de l'Esplanade* (7), du côté droit à la *Tour de l'Etang* (6) ; (*) Toutes deux sont en saillie ellip-

(*) Nous entendons ici, comme partout ailleurs, la gauche et la droite du spectateur. Les chiffres et lettres entre parenthèses renvoient aux chiffres et lettres correspondants sur le plan du château. Ce sont les désignations mêmes du génie militaire.

tique à l'extérieur et se terminent carrément à l'intérieur, ce qui laisse supposer qu'elles ont remplacé les tours carrées du château d'Odon IV. Deux courtines de 95 mètres de longueur, à angle droit de la première vont rejoindre, l'une la *Grosse Tour* (9), l'autre la *Tour rasée* (5), elles-mêmes reliées par une quatrième courtine qui complète un rectangle de 80 mètres sur 120, flanqué d'une tour à chaque angle.

Cette grande longueur de murailles sur les flancs est interrompue, entre la tour de l'Esplanade et la grosse tour par la *Tour carrée* (8), ou se trouvait l'ancienne entrée ; entre la tour de l'Etang et la Tour rasée elle était défendue par une Barbacane, ou *Tour de Garde*, située à 70 mètres de la courtine à laquelle la reliait une rampe fortifiée traversant un vaste étang.

Au nord et à l'ouest un large fossé à cunette, dont la contre-escarpe est formée par le talus muré de l'Esplanade entoure le château. Devant l'entrée, le fossé est partagé en deux bras par un ouvrage qui devait être assez compliqué au XVe siècle, car les portes étaient considérées comme points faibles, mais que Vauban a changé en demi-lune. Cette demi-lune sous laquelle règnent des galeries souterraines, ou casemates, qui autrefois longeaient le fossé en entier, était en communication avec l'Esplanade et le château par deux ponts-levis, remplacés par des digues en 1865.

Au midi, la barbacane et l'étang qui l'entourait et dont les eaux arrivaient jusqu'au mur de contre-garde, rendaient l'approche du château dangereux, sinon impossible.

A l'est, la courtine, maintenant baignée par le canal, était précédée d'un ouvrage, aussi converti en demi-lune au XVIIe siècle (*). De plus, un anté-mural, partant de la cahute Saint-Georges, à l'endroit où l'Esplanade s'infléchit brusquement, protégeait la Grosse tour.

Enfin, à quatre mètres environ du pied du fort, s'élevait un petit mur de contre-garde qui l'enveloppait entièrement.

Toutes les murailles étaient d'une grande épaisseur, tours et courtines étaient couronnées de créneaux, percées d'archères, garnies de machicoulis (**); le donjon protégeait le château en même temps qu'il le commandait.

Si l'on a suivi attentivement ce qui précède, on concevra que ce château, avant le XVe siècle, eût été inexpugnable. En effet qu'un ennemi se présente, à la tête d'une troupe nombreuse et aguerrie, qu'il établisse les engins en usage alors : *chats* pour combler les fossés, *beffrois roulants* pour jeter sur la crête du mur un pont mobile, d'où la foule des soldats sautera dans la

---

(*) Remarquer dans cette demi-lune deux curieuses échauguettes.

(**) La sape était le moyen le plus employé pour faire brèche ; or, le crénelage ne permet pas de battre le pied des murailles dont l'ennemi s'est approché. On fut donc forcé d'établir des galeries saillantes en encorbellement, au plancher desquelles de larges ouvertures permettaient d'écraser sous de lourdes pierres les travailleurs ennemis. On plaçait des corbeaux en pierre (l'espace existant entre chacun d'eux constituait un machicoulis) sur l'extrêmité desquels reposait un mur percé de meurtrières. Un second mur, assez élevé, empêchait la bascule des corbeaux et permettait d'établir une toiture protégeant à l'extérieur les arbalétriers et les soldats occupés à pousser les projectiles le long de la muraille et à l'intérieur le chemin de ronde pour le service des machicoulis.

place, *trébuchets*, lançant des pierres énormes contre les hourds et créneaux ; si la garnison assiégée est toujours en éveil, victoire lui restera. Que le capitaine ennemi dirige l'attaque contre la porte principale, il lui faut prendre un à un les ouvrages compliqués qui la précèdent, s'il fait combler en quelque point le fossé, les assiégés entrant dans les casemates prennent leurs adversaires entre deux jets de carreaux et de sagettes, puis se repliant derrière le mur de contre-garde, peuvent rentrer dans la forteresse par les poternes établies aux angles des murs.

Que l'enceinte soit forcée, chaque tour devient une citadelle dont l'accès est difficile et la défense aisée. Enfin le donjon, séparé des autres constructions, reçoit dans sa masse impénétrable les derniers défenseurs qui y trouvent de l'eau et des approvisionnements nombreux. Les lenteurs et les difficultés d'un tel siège auraient rebuté le chef de bandes le plus audacieux.

Mais, comme nous l'avons dit, Luxembourg s'était trompé d'un siècle ou deux. Tel qu'il était cependant, son fidèle château l'aurait mieux servi que sa confiance d'homme en disgrâce dans un ami d'autrefois : du reste il avait affaire à un roi qui pour forcer les bastilles ne se servait pas exclusivement de soldats.

III. — Batiments intérieurs

Une large porte, percée dans le bastion 10, et dont la plate-bande est formée de grès de grand appareil, encadre une ogive puissante qui donne accès dans un couloir cintré aboutissant à la cour du château. Sur l'un des grès de la porte est sculptée la lettre J, entre deux houppes pendantes de ça et de là ; cet emblème fait supposer que cette partie du château fut reconstruite par Jean de Luxembourg, après la donation que lui fit Jeanne de Béthune en 1437.

Les bâtiments intérieurs sont disposés sur les quatre faces, parallèlement aux courtines, de manière à laisser entre eux une cour spacieuse. A l'ouest (côté de l'entrée) ils s'appuient sur la courtine, mais au sud et au sud-ouest ils en sont éloignés, ce qui laisse supposer que de ces deux côtés ont été élevés sur les fondations des anciennes constructions intérieures.

A l'entrée de la cour, à gauche, se trouve le corps de garde, et, au-dessus, un corps de logis sur lequel on reconnait quelques traces d'architecture de la Renaissance ; il fut occupé par Marie de Luxembourg : c'est là qu'elle mit au monde François, Louis et Antoinette de Bourbon.

A droite est une caserne (D).

Au premier étage une longue galerie connue sous le nom de *Chapelle des Prisonniers* (*), et qui forme un magnifique chemin de ronde, court d'une tour à l'autre sur toute la longueur de la courtine. La partie comprise dans le bastion 10 est élégamment voutée en pierre. A l'une des extrémités, la charpente, parfaitement établie, porte en pendentif les houppes de Luxembourg, l'autre extrémité était le sanctuaire de la chapelle. On distingue parfaitement les ouvertures des machicoulis et les archères en croix qui permettaient d'envoyer les traits à la volée. Au-

(*) Ce fut en effet la chapelle des prisonniers et des soldats de la garnison jusqu'en 1830 ; elle était desservie par un génovéfain de l'abbaye avant 1792.

dessus et en avant de ce couloir, au sommet du bastion 10, dominant la ville et la campagne

Château. (Vue prise de l'Esplanade)

environnante, est juchée l'habitation du portier-consigne.

Avançons jusqu'au beau tilleul qui fut planté,

soit par André Dumont en 93, soit par Bourdon en 1795, à l'imitation des arbres de la liberté : (*) à gauche le grand bâtiment F était la demeure des commandants de place ; à droite le pavillon E, servant de caserne, contient aussi de curieuses charpentes en châtaignier qui doivent dater du XVe siècle (**), enfin, au fond de la cour, un autre pavillon, dont le rez-de-chaussée est divisé en deux parties par un passage voûté, était affecté du côté A, aux soldats, du côté B, aux prisonniers d'Etat (***). Cette aile droite B fut bâtie en 1784 sur un ancien moulin à poudre que la rivière de Beyne mettait en mouvement. On voit encore à l'extérieur, au pied des courtines nord et sud deux cintres de maçonnerie sous lesquels passait ce cours d'eau.

Nous décrirons maintenant en peu de mots l'intérieur de chacune des tours flanquantes, réservant toutefois un paragraphe spécial au chef-d'œuvre du connétable de Saint-Pol.

La *Tour de l'Esplanade* (7) est la plus élégante et peut-être la plus ancienne ; en ajoutant le crénelage de la plate-forme on a su respecter sa

---

(*) Outre l'arbre Gomeron, abattu en 1793, on peut citer à Ham comme arbres historiques : le tilleul du château, l'if planté par le prince Louis-Napoléon dans son jardin de la courtine, et l'if du comte de Peyronnet transplanté dans la cour d'un particulier de Ham.

(**) Dans une des chambres de ce bâtiment mourut M. Labarre de Saint-Hermel, un des bienfaiteurs de l'Hospice. — V. Prisonniers.

(***) Nous donnons le plan de la partie B de ce pavillon, d'où s'échappa, avec autant d'audace que de bonheur, un prisonnier dont l'histoire semble une légende.

couronne de machicoulis. La partie inférieure, appelée *Salle des Pendus*, forme une magnifique

Vue du Château, prise de l'écluse de la porte de Noyon. (Dessin d'Aug. Juson)

cave aux abords mystérieux, défendus jadis par trois énormes portes se fermant les unes sur les autres. Aux six anneaux fixés dans la voûte pendaient encore en 1840, de longues chaînes, terminées par des menottes. A l'entrée de ce souterrain on lit, gravée dans une pierre, l'inscription suivante : « HUGUET, DÉPUTÉ DE LA CONVENTION 1795 ».

Cette tour servit de prison, de 1793 à 1800, aux révolutionnaires et celle de l'Etang aux nobles ; mais, nous voulons croire qu'on n'enferma jamais personne dans leur étage inférieur.

La Tour de l'Etang (6) doit remonter à la même époque environ que la précédente ; mais, quand on a refait ses parapets, en 1833, on a jeté bas les consoles des machicoulis. Cette maladresse enlève à la façade du fort son élégance relative et sa symétrie. La tour n° 6 forme saillie dans l'intérieur du château : elle est accessible de ce côté par un escalier pour le revêtement duquel on a construit une haute tourelle carrée. Quelques compartiments de briques noires dessinent sur celle-ci une houppe, une croix et une arbalète, qu'à tort on a pris pour des marques d'artisans. La terrasse de cette tour est en communication avec la courtine et la chapelle des prisonniers. Quant à l'escalier qui conduisait dans le souterrain, il a été mal à propos changé de place.

L'étage inférieur de la *Tour carrée* (8) offre un bel échantillon de construction en appareil moyen. Aux angles des murs de la tour et de la courtine étaient percées deux poternes. Une troisième poterne était pratiquée du côté de l'ancienne entrée, sous le pont jeté au-dessus du fossé ; elle s'ouvrait entre les deux vigoureux contre-forts intérieurs de ce pont. Tout ceci est bien construit, bien compris et donne lieu à des comparaisons parfois fâcheuses pour notre système actuel de bâtir.

La Tour rasée (5) ou Tour aux Poudres est assurément la plus intéressante par sa disposition intérieure. Ses anciennes communications avec les deux courtines qu'elle flanque portent à croire qu'elle a été habitée.

Avant le XVIe siècle, dit M. de Lioux, les châtelains habitaient les deux tours et la courtine du sud ; c'était alors un long corps de logis pratiqué dans l'épaisseur du rempart : (*) sur le revêtement on voit encore de grandes croisées (**), murées depuis, et leurs énormes gonds de fer. Quelques pierres sculptées, peintes et même dorées, trouvées parmi les décombres, annoncent la richesse et le luxe des anciens seigneurs.

Lorsque la voûte de cette tour, dit M. Gomart, a été mise à l'épreuve de la bombe en 1832, on a constaté qu'elle avait été recouverte d'un magnifique dallage de pierres de Senlis, ce qui indiquerait qu'un étage supérieur aurait été supprimé et justifierait son nom de *Tour rasée.*

Une galerie, percée dans l'épaisseur du mur, va chercher le jour à l'extérieur, du côté de la campagne. Les clefs d'arc d'ogive de cette galerie sont ornées de médaillons assez finement sculptés. L'un d'eux représente Adam et Eve de chaque côté de l'arbre de la science ; des feuillages, des houppes pendantes après des cordons entrelacés entourent le panneau ; entre deux

---

(*) On se souvient que l'étang et la Barbacane auraient, en cas d'attaque, empêché l'ennemi de s'approcher de cette partie du château.

(**) A meneaux cruciformes.

arêtiers, un écusson couronné porte les armes de France. L'autre médaillon représente un ange (mutilé). Dans les angles des arêtiers deux chiens tiennent dans la gueule l'un une grappe de raisin, l'autre un écu avec deux clefs passées en sautoir.

IV. — La Grosse Tour

La tour du Connétable, unique en France par l'épaisseur de ses murs, est le chef-d'œuvre de Louis de Luxembourg. L'inscription gravée sur les deux faces de ce donjon traduit la pensée du célèbre constructeur (*).

Noble émule des sires de Coucy, Luxembourg voulut faire une œuvre portant un grand cachet de force et de puissance (**). En effet, qu'on se représente un donjon massif, écrasé, dont les murs qui n'ont pas moins de 33 pieds d'épaisseur sont revêtus dans toute leur étendue d'un parement de grès sur lesquels le temps a jeté une harmonieuse patine grise. De rares ouver-

(*) L. de Luxembourg passe pour avoir construit ou restauré les châteaux de Bohain, Beaurevoir, La Fère, Guise et Vendeuil.

(**) La célèbre *Tour de Coucy*, doit céder le pas à la *Tour du Connétable* sinon pour l'élévation et la beauté, du moins pour la solidité.

Voici les mesures exactes des deux donjons :

Coucy. — Hauteur 63 mètres ; Diamètre hors d'œuvre 31 mètres ; Epaisseur des murs 7 mètres 50.

Ham. — Hauteur 33 mètres ; Diamètre hors d'œuvre 32 mètres 50 sur la plate-forme ; Epaisseur des murs 11 mètres.

tures percées dans le pourtour ajoutent encore à son aspect triste et mystérieux. Il semble qu'il

Château. Vue prise du vieux cimetière. (Dessin d'Aug. Joson).

n'ait pas à se défendre et que sa masse soit la seule force qu'il oppose à l'ennemi.

La tradition donne à la Grosse Tour cent pieds d'élévation : elle n'a cependant que 27 mètres

Salle du Conseil, avant son écroulement, 1838. (Dessin d'Aug. Jéson).

du niveau ordinaire du canal jusqu'au sommet des parapets ; en comptant les fondations qui sont énormes, vu la nature du terrain et le poids qu'elles supportent, on arrive facilement aux cent pieds traditionnels. Elle mesure 32 mètres de diamètre hors-d'œuvre sur la plate-forme. Ses murs de 11 mètres d'épaisseur dans le souterrain conservent 10 mètres 50 à l'étage supérieur : ils sont formés d'un blocage de moëllons noyés dans un bain de mortier, genre de construction excellent contre le bosson mais résistant mal à l'artillerie.

La disproportion qui existe entre le diamètre et la hauteur de cette tour, l'absence des machicoulis, rendus indispensables par la rareté des ouvertures, prouvent à l'évidence que cet ouvrage ne fut pas achevé. Le temps ou l'argent fit défaut au connétable.

Les eaux de la Beyne et de la Sommette baignaient autrefois le pied du donjon que la courtine Est reliait à la Tour rasée ; aujourd'hui, la courtine Nord vient s'y appuyer aussi, mais on a mis les deux courtines en communication au moyen d'un chemin de ronde qui, par une méprise inconcevable, masque complètement et les abords, et la porte d'entrée, et l'inscription célèbre du monument.

La porte d'entrée, formée d'une ogive inscrite dans un rectangle, est maintenant de plein-pied avec la cour du fort. Au-dessus de la plate-bande en grès le connétable a fait sculpter la devise :

Mon mieux

que surmonte une rangée de houppes pendantes au bout de cordons entrelacés. Plus haut, une niche, formée par un arc en talon, particulier au xve siècle, était destinée sans doute à recevoir l'image d'un preux. (?)

Remarquons sous la porte deux ouvertures pratiquées dans l'épaisseur des grès et par lesquelles passaient les chaînes du pont-levis ; plus loin la rainure de la herse ; à droite un couloir au fond duquel existe un réduit assez profond communiquant avec la plate-forme de la tour et qu'on a voulu prendre pour une oubliette (*). A gauche s'ouvre le bel escalier en spirale qui mène aux différents étages. La partie de cet escalier qui descend dans le souterrain se compose de 29 marches ; mais du rez-de-chaussée à la plate-forme on compte cent marches, chacune composée d'un seul morceau de grès, taillé, suivant la projection, en triangle, dont la base est enclavée dans le mur et dont le sommet arrondi constitue le noyau ou la colonne de l'escalier.

La rampe de l'escalier du souterrain est droite

(*) Il a fallu pour cela une grande bonne volonté. Les oubliettes, accompagnement indispensable de tout donjon du moyen-âge, sont de l'invention de romanciers modernes qui veulent rendre l'histoire plus dramatique encore qu'elle ne l'est en réalité. On n'en peut guère citer en France qu'un seul exemple à peu près concluant. Voici probablement à quoi servait cette espèce de puits : au château de Ham, le donjon étant cerné de toutes parts, les assiégés qui occupaient la plate-forme, voyant les mouvements de l'ennemi, pouvaient avertir ceux du rez-de-chaussée et *vice versâ* ; ou bien encore, l'escalier étant occupé par l'ennemi on pouvait par cette issue, soit le prendre en queue, soit gagner une poterne et s'échapper.

et la couverture porte une charge énorme. La voûte est en conséquence formée par une suite d'arcs d'ogive, taillés sur la même courbe, suivant la déclivité de la rampe et offrant autant de voussures en retraite qu'il y a de marches. Remarquons en même temps que la beauté de la

Grosse Tour (coupe).

construction, les plafonds des paliers avec leurs nervures prismatiques et leurs clefs portant, finement sculptées, les houppes au bout de cordons entrelacés.

A droite et à gauche du second palier s'ouvrent deux couloirs conduisant à deux postes où l'on peut placer des pièces d'artillerie dont le tir balayerait le pied des courtines.

Le *souterrain* mesure dix mètres de diamètre

et cinq mètres de hauteur. C'est une magnifique voûte domicale partagée par des arêtes aboutissant à une clef centrale. Le sol est élevé de 0m50 centimètres au-dessus de l'eau naturelle, il est d'égal niveau avec l'eau du canal. Dans la muraille circulaire ont été pratiqués un soupirail, seule ouverture par laquelle un peu de jour pénètre dans ce caveau humide, un puits ayant 2 mètres 20 de profondeur d'eau, six cellules et deux niches appelées, probablement à raison, garde-manger.

Quelques auteurs prétendent que les six cellules creusées dans la maçonnerie sont des fourneaux de mine et non des cachots : mais ces prétendus fourneaux, s'ils sont assez profonds, ont trop de largeur et de hauteur pour l'usage auquel on veut les destiner (*). Les garde-manger et les gonds de fer scellés dans la pierre nous portent à croire que ce sont bien là des cachots. Le comte de Lautrec et le Capucin ont, d'après la tradition, vécu de longues années dans ces tombeaux.

La salle du rez-de-chaussée, désignée sous le nom de *salle des gardes* présente la forme d'un hexagone régulier. La voûte, avant son effondrement (**) était construite en pierre ; les angles étaient dissimulés par des nervures prismatiques qui, allant aboutir à une clef centrale, formaient autour de celle-ci une étoile à six pans de toute beauté. Le besoin d'économies et le défaut de goût ont fait substituer la brique

(*) Voici leurs dimensions : Hauteur 1m60. Largeur 1m50. Profondeur 5m50.

(**) Effondrement occasionné par la chute de la voûte de la salle supérieure en 1840.

à la pierre de taille. La cheminée à chambranles a disparu également : une simple pierre, percée d'outre en outre, en rappelle l'emplacement. Plus loin un corridor obscur aboutit à une communication avec le puits du souterrain. Le jour arrive dans la salle des gardes par la porte d'entrée, par un soupirail et par l'ancienne porte de secours, située à peu de distance de la précédente. Comme celle-ci, l'inscription *mon mieux*, une rangée de houppes et une niche la surmontent. Il y avait aussi une herse pour en défendre l'entrée. Cette ouverture est très élevée au-dessus du fossé ; un pont-volant donnait donc accès dans l'ouvrage extérieur que Vauban a changé en demi-lune. Condamnée pendant longtemps, elle fut déblayée en 1829, partagée en deux croisées à ogive d'un assez bon style et murée jusqu'à hauteur d'appui de fenêtre.

Cette porte de secours est la caractéristique de tout donjon. On voit avec quel soin Luxembourg avait respecté les traditions féodales. Son œuvre est sobre et n'offre pas ces complications plus embarrassantes qu'utiles des châteaux romans. Du reste bien des détails très intéressants nous échappent, soit qu'ils aient entièrement disparu soit qu'ils aient été marqués par ces restaurations inintelligentes dont le Génie militaire est coutumier.

Un poste commande la porte de Chauny ; à gauche de la porte de secours il en est établi un autre qui la protège ; en face de ce dernier se trouve le réduit d'où l'on faisait mouvoir la machine de la herse et le pont-volant (*).

(*) Ces postes, assez nombreux au château, sont disposés comme il suit : On descend une ou plusieurs marches

En montant à l'étage supérieur on trouve à droite le réduit d'où l'on faisait mouvoir la herse de la porte principale et quelques marches plus haut une petite chambre qu'occupa, dit-on, le comte de Marbœuf, prisonnier.

La salle du premier étage, dite *salle du Conseil*, semblable par son architecture à la précédente, produit cependant un plus grand effet. Le connétable pouvait y recevoir noble et grande compagnie, quand, en 1470, Louis XI y célébrait les fêtes de Pâques, ayant à ses côtés Marie et Louise de Savoie.

Habitée par les chatelains elle devait être décorée avec un certain luxe ; malheureusement, vastes cheminées à chambranles, voûte monumentale à nervures élégantes, écussons sculptés, tout cela a disparu, remplacé par une insignifiante chemise de briques. La construction en est cependant très régulière ; car en se plaçant à deux angles opposés on remarque l'existence de foyers acoustiques, semblables à ceux du Conservatoire des Arts et Métiers (*).

Une longue galerie va prendre le jour à l'extérieur, du côté de la campagne. On a eu le bon goût lors de sa restauration, de lui rendre son cachet primitif. De chaque côté de cette

---

dont la dernière, taillée en hémicycle empêche le recul de la pièce. Celle-ci placée sur l'affût est en face d'un simple trou rond surmonté d'une mire. L'artilleur après avoir pointé se retire dans un enfoncement de la muraille et met le feu à la pièce. Ces sortes d'embrasures devaient promptement se dégrader et le séjour du réduit devait bientôt devenir insupportable à cause de la fumée : s'il existait une cheminée d'appel il n'en reste plus trace.

(*) La découverte de ce curieux effet d'acoustique au château de Ham ne date que de quelques années.

galerie règnent deux bancs en briques, que l'on désigne souvent par le nom de *bancs des accusés*. M. Gomart pense qu'ils servaient aux habitants de la salle lorsque le froid ne les obligeait pas de s'approcher du foyer.

Dans la muraille circulaire sont creusées des chambres dont quelques unes ont été murées. A droite de la porte d'entrée un couloir mène dans la *Chambre du Roi*, espèce de cachot éclairé par un soupirail et ainsi appelé parce que, d'après la tradition, Louis XI y aurait couché dans les deux visites qu'il fit à Louis de Luxembourg. Du côté opposé un autre couloir conduit aux privés.

Un poste commande la route de Chauny et une simple embrasure permet de tirer de plein fouet sur le coin de la demi-lune.

Au milieu de la salle une trappe recouvre un œil percé dans la clef de voûte de la Salle des Gardes et correspondant à une ouverture semblable dans le haut de la Salle du Conseil. C'est par cet œil qu'en temps de guerre on montait sur la plate-forme de la tour au moyen d'un treuil, les armes et munitions nécessaires (*).

Reprenons notre ascension : nous arrivons à l'extrémité de l'escalier que recouvre un élégant lanternon et nous débouchons sur la plate-forme.

On ne peut se défendre d'un mouvement de surprise, lorsque au sortir d'obscurs dédales on se trouve inondé d'air et de lumière, et surtout parce que l'on n'est pas habitué à considérer

---

(*) Après le vote de la nouvelle loi sur l'aumônerie militaire [1874] la salle du conseil a été convertie en chapelle à l'usage exclusif de la garnison. On ne pouvait mieux choisir.

dans une tour de pareilles dimensions. Cette plate-forme mesure en effet 490 mètres carrés. Le parapet qui l'entoure a 3 mètres d'épaisseur, il est partagé en huit grandes ouvertures ou créneaux permettant de battre tous les points de l'horizon. L'embrasure qui s'ouvre du côté du fort est plus large que les autres : en cas de prise du château, l'assiégé réfugié dans le donjon pourrait foudroyer les bâtiments occupés par l'ennemi.

Saint-Pol couronna son œuvre inachevée de gargouilles largement sculptées, bien proportionnées et parfaitement entées dans la maçonnerie. Ces figures bizarres, suivant le symbolisme si cher au moyen-âge, ont chacune sa signification. Au-dessus de la porte d'entrée un chevalier barbu, de haute taille tient un écu à tête de Méduse, un dragon rampe à ses pieds : c'est le géant chargé de la garde du monument. Un chat et un lévrier, tous deux ailés, sont les emblêmes de la prudence et de la rapidité, un chien l'emblême de la fidélité, une tête de cheval bardé de fer fait songer au noble compagnon du seigneur féodal ; un mouton au cou allongé et écaillé représente le bosson qui, manié par les soldats, battait le pied des murailles pour ouvrir une brèche ; enfin, un simple corbeau de pierre rappelle les machicoulis, défense essentielle de ces sortes d'ouvrages, et dont le Connétable ne put entourer sa tour favorite.

Pour tout homme qui sait réfléchir, cette visite au château du comte de Saint-Pol n'aura pas été sans fruit. Elle évoquera le souvenir de cette lutte ardente, passionnée, sanglante, qui devait se terminer par la victoire de la royauté sur la féodalité.

On sent que cette époque fut grande; c'est l'âge héroïque de la France; c'est la société française sortie de l'anarchie, régulièrement constituée, marchant à pas de géants vers son unité, avec tant d'originalité, tant de respect pour l'individu, avec sa foi, avec ses arts qui dépassent les nôtres de toute la supériorité de l'esprit sur la matière.

Les pamphlétaires qui ont écrit notre histoire depuis bientôt un siècle se voilent la face quand leur plume pudibonde rencontre ce mot: Moyen-Age.

Ils ne songent pas que ce temps, malgré les crimes qui l'obscurcissent parfois, glorifia et pratiqua l'honneur, l'amour, la foi, la valeur, le respect de l'homme et de la famille, toutes qualités dont le reflet nous illumine encore. Notre histoire de France est belle, les monuments comme le château de Ham sont là qui en attestent la grandeur, elle est supérieure à toutes les autres parce que, dans toutes ses phases, les hommes utiles ou funestes passent au second rang et que la nation, guidée par le code de morale le plus parfait qui existe, va toujours de l'avant, tantôt s'appuyant sur les grands vassaux pour contre-balancer l'autorité royale, tantôt sur le roi, comme sur son naturel protecteur, pour balayer les abus de la féodalité.

Soyons donc fiers de cette histoire et étudions-la, car, comme nous le disions en tête de cet ouvrage: Tout souvenir est un enseignement et comme le dit avec plus d'autorité, un homme qui, plus que tout autre, a étudié ces temps: « Il ne me semble pas que l'oubli et l'ingratitude soient les signes de la civilisation d'un peuple. » (Viollet-le-Duc).

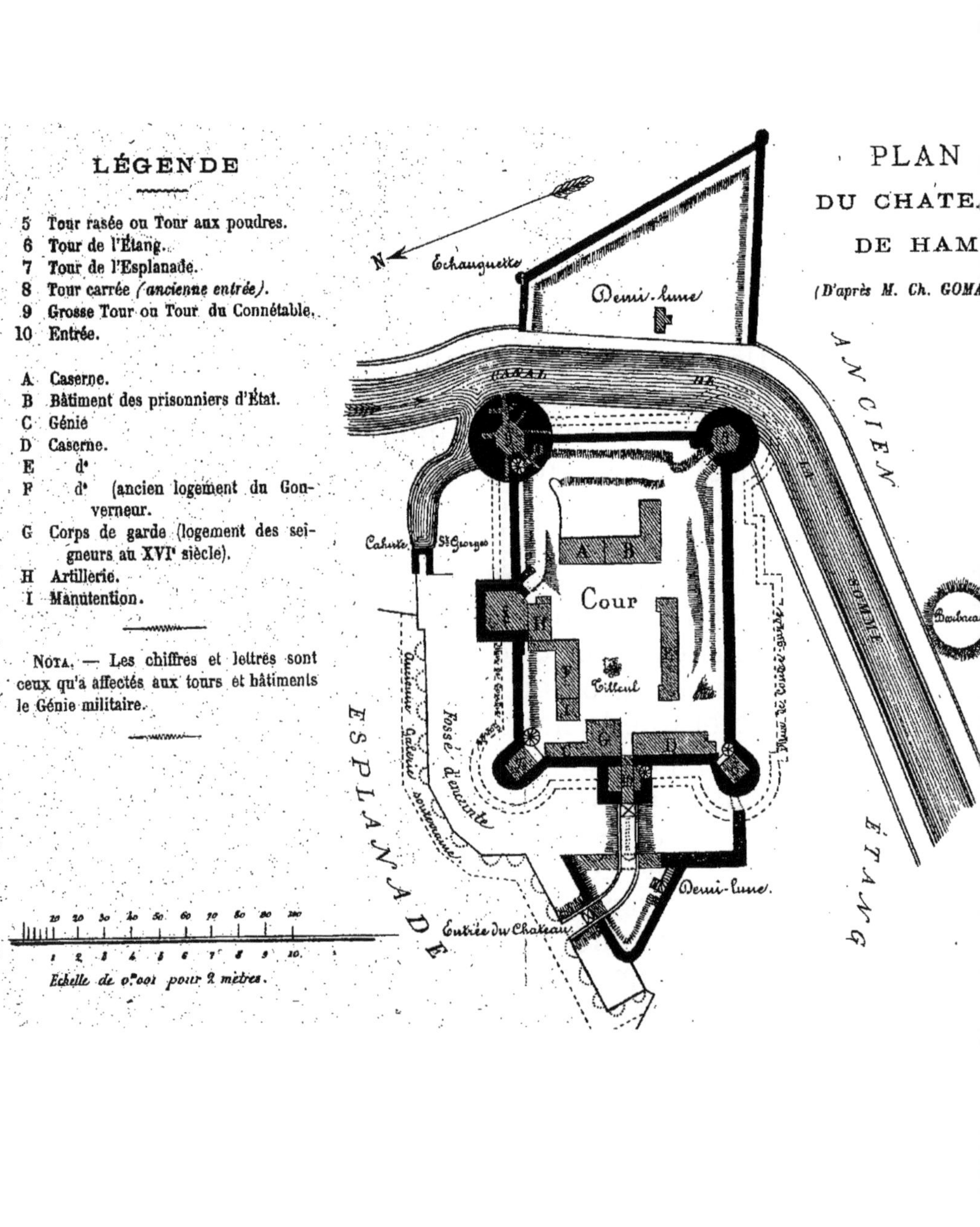

LÉGENDE
5 Tour rasée ou Tour aux poudres.
6 Tour de l'Étang.
7 Tour de l'Esplanade.
8 Tour carrée (ancienne entrée).
9 Grosse Tour ou Tour du Connétable.
10 Entrée.
A Caserne.
B Bâtiment des prisonniers d'État.
C Génie
D Caserne.
E d°
F d° (ancien logement du Gouverneur.
G Corps de garde (logement des seigneurs au XVIe siècle).
H Artillerie.
I Manutention.
NOTA. — Les chiffres et lettres sont ceux qu'a affectés aux tours et bâtiments le Génie militaire.
PLAN
DU CHATE
DE HAM
(D'après M. Ch. GOM
N
Échauguette
Demi-lune
CANAL DE LA SOMME
ANCIEN ÉTANG
Cahute
St Georges
Cour
Tilleul
ESPLANADE
Fossé d'enceinte
Ancienne Galerie souterraine
Demi-lune
Entrée du Château
Échelle de 0m001 pour 2 mètres.

LES PRISONNIERS

I. — Sous la Monarchie

Il est impossible, vu l'exiguïté de cet ouvrage, d'entrer dans de grands développements sur l'histoire des prisonniers du château de Ham. Le lecteur voudra bien se contenter d'une simple énumération de noms, accompagnée du résumé aussi succinct que possible des motifs d'incarcération.

Herbert, comte de Vermandois, s'empara de la personne de Charles le Simple et, suivant la tradition, l'enferma à Ham en 923.

932. — Ebrard, fils d'Hilgand, comte de Ponthieu était prisonnier dans le donjon d'Herbert.

1423. — Le duc Jean de Luxembourg détenait dans sa forteresse Pothon de Xaintrailles dont il tira rançon. On prétend que Jeanne d'Arc, prisonnière du duc séjourna à Ham en août 1430.

1557. — Après la prise de Ham par l'armée impériale, Scépois et Pisseleu de Heilly furent retenus prisonniers dans la place qu'ils avaient si bien défendue (*).

1560. — Louis de Bourbon, prince de Condé, fauteur de l'entreprise d'Ambroise.

1595. — Vitermont d'Humières ; à la suite du siège et de la prise de la ville par l'armée royale huit cents Espagnols furent faits prisonniers, parmi lesquels Cecco di Sangré, Balthasar Caracciolo, Domenico Bandini, etc. (**).

1658. — Le Capucin. « Le 13 mai 1658, trois cavaliers de la garnison de Saint-Quentin rencontrèrent, près du village de Saint-Simon, un inconnu qui, à leur vue, rebroussa chemin. Cet inconnu, botté, éperonné, ayant l'épée au côté, un manteau sur les épaules, un chapeau brodé sur la tête, portait le costume militaire d'un cavalier. Arrêté et fouillé, on trouva sur lui un passeport signé de M. le prince de Condé et daté de Bruxelles. On l'amena à Saint-Quentin, où il fut reconnu pour le père Constantin, capucin, qui avait prêché, l'année précédente, dans l'Eglise de Saint-Quentin. Du couvent des capucins, il dit s'être retiré dans celui de Coulommiers-en-Brie, puis il avoua s'être fait huguenot et avoir renoncé à la religion catholique. Parti pour la Hollande, où il avait été reçu ministre, il était rentré en France. Ses démarches dans les environs de Saint-Quentin, dont il ne put expliquer le but d'une manière satisfaisante, le firent soupçonner d'espionnage et de mauvais desseins contre la sûreté de la ville. On l'envoya

(*) V. chap. II. Siège de 1557.
(**) V. chap. II. Siège de 1595.

au lieutenant-criminel, à Laon, le 19 mai 1658; mais le prisonnier n'ayant rien voulu répondre à ce magistrat, celui-ci, persuadé qu'il avait des intelligences avec les ennemis, l'envoya à Ham, où il fut tenu prisonnier dans la basse-fosse de la Grosse Tour de cette citadelle (*).

Oublié dans son affreux cachot, le pauvre moine y vécut de longues années et y mourut en grande réputation de sainteté.

La pierre qui lui servait d'oreiller possédait la merveilleuse propriété de faire trouver un mari, dans l'année, aux jeunes filles qui en emportaient un morceau. Inutile de dire qu'elle fut souvent renouvelée.

Voici un couplet d'une chanson qui en fait foi :

Filles de Picardie
Venez au caveau de Han,
Et l'Eglise vous marie
Avant qu'il ne soit un an.
Ayez figure vermeille,
Bonne dot ; et, pour certain,
Vous bénirez l'oreille
L'oreille du capucin.

1659. — Grégoire Lefosseur, prisonnier de guerre.

A la suite de la révocation de l'édit de Nantes : 1686, de la Chapelle, lieutenant, qui s'échappa avec le marquis de Valtot au moyen d'une échelle faite de lanières découpées dans les draps de

(*) Extrait du journal de Charles de Croix, chanoine de Saint-Quentin, rapporté par M. Gomart. Le père Constantin est-il le malheureux capucin de la Tour de Ham, dont le souvenir est resté si vivant dans le pays ? M. Gomart le pense avec quelque vraisemblance.

leurs lits ; Abraham Dufour. — 1688, M. de Louvigny, avec plusieurs de ses parents ; Mme de la Guipière. — 1689, Mademoiselle de l'Isle. *(très opiniâtre)* ; Mlle Longeon, *(très opiniâtre)* ; Madame Beauvais, *(dangereuse)* ; Sargouleau, sieur des Loges ; Carré, avocat. — 1690, Le Bert ; de Ventre ; Paradez ; femme Cochart. — 1691, Mme de Chantemeslière. — 1693, Bonhomme ; Mme Prou, sage-femme, qui s'évada après six ans de captivité. — 1694, Sénégat ; Jean Aubert. — 1700, Mérigny.

Le 31 juillet 1710, le sieur de Boucart, prisonnier de guerre et son valet, s'évadent. Le soldat La Grenade, de complicité avec eux fut pendu, pour le bon exemple, sur l'esplanade du château.

1717. — Le chevalier d'Aydie, comte de Rion, enfermé pour deux ans, par lettre de cachet, à cause de son duel avec Bouton, roturier.

La duchesse de Berry, fille du régent fit pendre Bouton et mettre bientôt son mari (?) en liberté.

Le comte de Larochefoucauld, à la sollicitation de la duchesse de Châteauroux.

1726. — Jacques Cassart, l'héroïque marin nantais, qui tombé un jour avec un seul bâtiment, au milieu de 15 navires ennemis se bat douze heures, coule un vaisseau anglais, en démonte deux, puis s'échappe. « Je donnerais toutes les actions de ma vie, disait Duguay-Trouin, pour une seule des siennes ».

Il eût le tort de réclamer un peu brutalement auprès du cardinal de Fleury, contre un arrêt du parlement qui l'avait ruiné. Il mourut après quatorze ans de captivité.

1738. — François de la Barre, baron de Saint-Hermel, meurt au château de Ham après avoir fondé, par testament, deux lits à l'Hôtel-Dieu de cette ville.

1745. — J.-B. Mirbeau de Marcilly, à la requête de M. de Neuville, son père, pour cause de libertinage et dissipation de son bien.

1749. — Thomas Duvignacourt, officier, pour mauvaise conduite.

1751. — Rosnay de Villers, ci-devant mousquetaire.

1753. — Les grandes Remontrances du 9 avril 1753 « ce coup de tocsin avant-coureur de la Révolution » amenèrent à Ham le président du Mazy « bavard sans influence qui avait osé tenir aux chambres assemblées des propos assez lestes sur Mme de Pompadour » (*).

1754. — Lautrec. Ce malheureux gentilhomme avait assassiné, aux pieds des autels, son oncle, par rivalité d'amour. « Les cachots de Ham furent depuis le refuge de son crime ou de sa folie. Il y avait passé quarante ans, quand survint la révolution de 1789; alors on le délivra. Mais oublié, réputé mort, méconnu des siens, il n'avait plus ni pain, ni asile. La ville de Ham prit pitié de lui, et le remit à une pauvre femme pour en avoir soin et pour le nourrir. Il en profita peu et mourut au bout de trois mois » (**).

1756. — Nicolas le Bas Duplessis fils, conseiller au parlement, pour mauvaise conduite.

1759. — Trois gardes du corps de sa Majesté, envoyés à Ham, à cause de l'affaire de Cambrai, s'évadent heureusement.

(*) Alp. Paillard. *Les grandes remontrances.*
(**) M. de Peyronnet.

1761. — Piquefeu de Longpré, s'évade en plein jour, au moyen d'une corde que sa mère lui avait fait parvenir secrètement.

1766. — M. de Rouffiac, débauches et violences.

1768. — Le marquis de Marbœuf. La cause de son arrestation reste enveloppée de mystère. Il ne fut pas privé de sa liberté pour avoir insulté Marie-Antoinette, comme on l'a écrit, puisque le mariage du Dauphin avec l'archiduchesse d'Autriche, n'eut lieu que le 30 mai 1770. Son esprit s'était dérangé au point que, du réduit qu'il occupait au premier étage de la grosse tour, il passait son temps à jeter des écus après les hirondelles voltigeant au-dessus du fossé.

1770. — MM. de Sabricourt, Mollieur, officiers ; Campion de Montbazon qui, malgré la plus active surveillance, s'évade à force d'énergie et d'habileté.

1771. — Brochart du Breuil, conseiller au parlement, à la suite de l'édit de Décembre 1770 ; le chevalier d'Hérouville, s'évade.

1773. — Le sieur de Mesnier, s'évade si habilement qu'on ne trouve aucune trace de sa fuite.

1775. — Le comte de Mailly. Louis XV aimait beaucoup ce gentilhomme et il le fit enfermer à Ham, pour l'empêcher de se battre en duel avec quelques courtisans. L'année suivante M. de Mailly fut nommé maréchal de France et gouverneur du Roussillon.

1780. — Hédoin de Ponce-Ludon, officier.

1782. — De Bardi de Lausegiée. Il avait eu des difficultés avec son père au sujet de la vente de sa charge de conseiller au parlement de Toulouse. Il ne tint pas compte de l'ordre du roi qui l'exilait à Alby et s'en vint exercer la médecine près de Corbeil. Le père apprit qu'il vivait là sous le nom de Fontaine avec une créature qu'il disait être sa sœur et il obtint du roi de le faire enfermer à Ham d'où ce fils insoumis s'évada peu après.

1784. — Le chevalier de Coutances, officier de la marine royale, pour dissipation.

1785. — Richebourg de Champcenetz, pour des chansons satiriques ; Jean de la Croix de Lusson, capitaine au régiment de Flandres. Il sortit de prison deux ans après, se fixa à Ham et fut élu maire en 1790 ; le comte de Busset, des Bourbon-Busset.

1786. — De la Morlière, pour inconduite ; de Saint-Vincent de la Cotte, s'évade ; Blondel de Bonneuil ; de Faulquier, pour l'affaire du spectacle à Beauvais ; Devis, lieutenant au *colonel général*, pour inconduite ; le marquis de Chabrillant, premier écuyer de la comtesse d'Artois, pour dettes et ruine ; de Rochechouart, brigadier des armées du roi.

Mirabeau resta quelque temps prisonnier au fort de Ham pour son *Mémoire au roi sur l'agiotage*. Le roi prit sur son compte la pension de l'écrivain et manda au gouverneur, de bien traiter son prisonnier.

II. — Pendant la Révolution. — Le Consulat et l'Empire

La liste complète des prisonniers de cette époque est trop longue pour être dressée ici. Les gens qui décrètent la liberté ne se font pas faute d'en priver ceux qui en usent pour être d'une opinion autre que la leur.

Le 5 juin 1794, arrivèrent à Ham quelques centaines de prisonniers autrichiens du régiment de Kaunitz. Les pauvres diables s'attendaient à être massacrés et ils ne surent comment témoigner leur surprise et leur reconnaissance, quand ils virent les habitants les fêter, leur serrer les mains et leur offrir des vivres et des vêtements.

La Gironde après avoir vu ses plus illustres membres exilés ou guillotinés par la Montagne, se débarrassa à son tour des Terroristes et envoya à Ham, après l'insurrection du 12 germinal an III [1er avril 1795], les conventionnels Amar, Choudieu, Châles (*), Duhem, Foussedoire, Huguet, Léonard Bourdon, Ruamps. Quelques jours après, Granet, Hentz, Lecointre, Levasseur et Maignet les y suivirent.

La fin de la Convention fut la fin de leur emprisonnement [26 octobre 1795]. Quelques-uns d'entr'eux cependant avaient dû quitter le fort par suite d'une erreur, peut être volontaire, du commandant Méry-Montigny. En effet, Delaunay disait dans la séance de la Convention nationale du 21 septembre 1795 : « Le château de Ham renferme vingt et un Marseillais, dix chefs de Chouans, des séides de Robespierre, l'ex-général Huché. Le commandant du château, par une fausse interprétation de la loi du 12 fructidor, a traduit les détenus pardevant le tribunal de police correctionnelle qui les a acquittés......

Il faudrait un décret du Comité de salut

(*) Père de Philarète Châles.

public ou du Comité de sûreté générale. Je demande donc l'arrestation du commandant ».

Méry-Montigny traduit devant le Comité de salut public ne fut pas déclaré coupable et revint prendre son poste au château.

Le général Rossignol, le bourreau de la Vendée, fut enfermé à Ham, probablement pour apprendre la tactique.

Par ordre du Directoire, Maynaud, évêque de Vannes, fut quelque temps détenu en 1797. Le premier Consul le fit élargir.

Plusieurs émigrés, sous le commandement de M. le duc de Choiseul se rendaient de Hanovre aux Indes sur des bâtiments anglais pour faire la guerre à la solde du roi d'Angleterre. Ils firent naufrage à Calais en novembre 1795. Faits prisonniers, jugés et acquittés par une commission militaire ils furent, au mépris de toute justice, jetés par ordre de Merlin dans les casemates de Lille où dix-sept d'entre eux périrent de misère. Au bout de quatre ans l'ordre vint de les conduire à Ham. Cet ordre, émané du général Pill, reçut une exécution brutale, mais l'humanité des habitants de Ham consola ces malheureux. Une lettre de M. de Choiseul-Plainville, jetée du fort et ramassée par une pauvre femme, fut remise au premier Consul qui s'enquit de la véracité des faits qu'elle relatait. Un décret du 18 frimaire an VIII ordonna que les émigrés français naufragés à Calais, seraient déportés hors du territoire de la République, attendu qu'il est contraire au droit des nations policées, de profiter de l'accident d'un naufrage pour livrer, même au juste courroux des lois, des malheureux échappés aux flots.

M. de Choiseul quitta Ham le 27 frimaire

an VIII, avec trente-trois de ses compagnons. MM. de Montmorency et de Vibraye demeurèrent quelque temps dans la ville et le premier prit gaiement part, déguisé en diable vert, aux mascarades qu'on donna à Ham cette même année

Dezoteux-Cormatin, ex-major de l'armée vendéenne, ouvre la série dans le *Cahier servant à l'enregistrement des individus détenus en ce château, en vertu des ordres du gouvernement*, commençant au 18 germinal an VIII.

Suivent vingt-cinq individus enfermés, en l'an X, par ordre du ministre commissaire du gouvernement dans le département de la rive gauche du Rhin, prévenus d'exportation de grains à l'étranger.

29 nivôse, an XI : Louis Bellegarde (né à la Martinique, mulâtre), aide-de-camp de Toussaint-Louverture. Une lettre du grand juge, ministre de la justice Regnier, nous apprend que sa femme est autorisée à partager avec lui les secours accordés par le gouvernement.

La conspiration, fomentée par l'Angleterre pour renverser le premier Consul, échoua, comme on sait, misérablement. Les conséquences en furent l'assassinat du duc d'Enghien et la proclamation immédiate de l'empire. Bonaparte avait fait arrêter Moreau ; sa police mit la main sur Pichegru, Georges Cadoudal, les deux Polignac, Rivière et une quarantaine d'autres. Armand de Polignac ayant été frappé de la peine capitale, son frère Jules demanda à mourir à sa place comme étant seul au monde, sans état, sans famille. « Laissez-moi du moins partager son sort, si vous ne le sauvez pas » écrivait-il dans sa requête. Ce dernier vœu fut exaucé, mais Polignac l'aîné fut gracié par les démarches que fit sa femme auprès de Joséphine. Les deux frères furent enfermés à Vincennes, et transportés à *Ham* le 7 *messidor* an XII. Le 28 pluviôse an XIII, Fouché les autorisa à séjourner, sous la surveillance de la police, dans la maison de santé du docteur Belhomme, à Paris. Vingt-cinq ans plus tard, Jules de Polignac, après maintes vicissitudes politiques, rentrait dans la prison de Ham !

Roussigny, ex-chef d'escadron au service de la Russie, né à Alençon, fut arrêté par ordre de l'empereur, toujours à la suite de la conspiration de Georges, et enfermé au château le 14 thermidor an XII. Une jeune fille de Ham aima l'officier. Ils employèrent mille ruses pour correspondre. Aurélie Commun alla à Paris demander la grâce de son amant et l'obtint. Roussigny quitta Ham en 1809 et oublia la pauvre fille qui mourut de chagrin.

Le 16 brumaire de l'an XIII, le château reçut un assez grand nombre de chouans.

Le 17 fructidor de la même année, Henri-Louis de Briosne, prêtre, y fut enfermé pour son opposition à Bonaparte dans ses rapports avec le Pape. Il y resta jusqu'en 1814.

Le sieur Normand, ex-adjudant général ; Desbuttet, soldat et Boëssulan, ex-militaire au service de l'Angleterre, s'évadent de concert, avec effraction du secret, dans la nuit du 13 au 14 mars 1808, ayant passé par la cheminée et descendu de la tour de la salle d'armes dans le jardin.

1806. — 1807. — 1808. — Des prêtres vendéens ; J.-B. Stiernon, ancien curé de Fénal, *l'un des plus dangereux sectaires de*

Stevens (*) ; Louis Daniel, chef de Chouans ; un capitaine Prussien ; des Bretons, etc., etc.

1809. — Quelques habitants du Pas-de-Calais ; Fouché, ministre de la police générale de l'empire, avertit le commandant du château qu'il fait diriger sur la prison de Ham la mère et la femme de Palafox. Le livre d'écrou ne fait nullement mention de ces deux détenues.

1810. — Joseph Ximenès de Vega Godoï, cadet espagnol, prisonnier de guerre, entré le 29 janvier et envoyé quelques mois plus tard à l'armée de Naples, comme sous-lieutenant.

Plusieurs prêtres des nouveaux départements français de la Sambre et des Deux-Néthes sont maintenus en détention jusqu'à ce que les discussions avec le pape soient terminées. Guillaume Heslin, curé à Gestel, s'évade le 31 juillet 1811, entre 6 et 7 heures du matin.

1811. — 1812. — Des Stevenistes ou *prêtres insoumis ;* Menendez et Chamore, valets de chambre des princes espagnols ; un certain nombre de personnes prevenues de *manœuvres contre la sûreté de l'Etat.*

Parmi ces derniers, Sorbi, italien, compromis dans la conspiration de Mallet et M. de Saint-Bonnel s'évadèrent. Saint-Bonnel fut dénoncé peu après et enfermé à Vincennes. Savary, duc de Rovigo, envoya au commandant du château

---

(*) Corneille Stevens, prêtre du diocèse de Namur (?) reconnut en 1802 la légitimité du Concordat, mais refusa de souscrire à la loi du 18 germinal an X, qui comprenait les articles organiques. Il combattit le serment de la Légion d'honneur, le Catéchisme de l'empire et l'établissement de l'Université. Sa tête fut mise à prix, mais il échappa à toutes les recherches de la police et mourut à Wavre en 1828.

de Ham, un extrait de l'interrogatoire du prisonnier afin de lui faire connaître les moyens qui avaient été mis en usage pour préparer cette évasion et l'effectuer. Comme elle peut servir de type à la plupart de celles qui s'accomplirent au fort, il ne sera pas inutile de citer quelques passages de la déposition de M. de Saint-Bonnel.

Extrait de l'interrogatoire du sieur *Saint-Bonnel* subi, le 26 mars 1812, par devant M. le Conseiller d'Etat, Préfet de Police :

« C'est avec un de mes camarades nommé *Sorbi* que fut concerté notre projet d'évasion commune. Nous avions remarqué dans le corps de logis où se trouve le secrétariat, des chambres situées au deuxième étage, communiquant à un escalier dérobé au milieu duquel existe une porte qui donne sur un petit jardin, lequel n'est séparé des remparts que par un mur très facile à franchir.

En conséquence nous avons fait une corde avec une de nos couvertures que nous avions coupée par bandes et pour donner plus de solidité à cette corde, nous la ficelâmes dans toute sa longueur avec du coton plié en plusieurs doubles. Nous la mimes dans un torchon sale, ce qui donnoit à cela l'air d'un paquet de linge que nous portions au blanchisseur. Nous portâmes dans une des chambres dont j'ai parlé plus haut la corde enveloppée comme je l'ai dit et quelques habits.

Nous ne pouvions exécuter notre projet qu'un jour où le mauvais temps empêcheroit les prisonniers de se promener sur les remparts, et où, par conséquent, toutes les sentinelles seroient employées et placées dans l'enceinte. Ce jour se présenta le 25 février dernier. A trois heures et demie, nous profitâmes du moment où la sentinelle avoit le dos tourné pour passer rapidement dans la cantine. Arrivés à la chambre où nous avions déposé notre paquet nous l'y trouvâmes et le prîmes. Nous descendîmes dans le jardin, franchîmes le petit mur et nous nous trouvâmes seuls sur le rempart. Nous attachâmes notre corde au moyen d'un crochet de fer qui avoit servi à soutenir une planche placée dans ma chambre, et que j'avois arraché. Nous avions tiré au sort *Sorbi* et moi, à qui descendroit le premier, et le sort le favorisa. Il descendit sans difficulté et sans malheur ; mais je ne fus pas si heureux, car j'étois à peine à trois pieds du point de départ que la corde se rompit. Je tombai de 36 pieds de hauteur et je serois resté mort sur la place, si je n'étois pas tombé sur un tas de feuilles, qui quelque jours avant y avoient été amoncelées ; mes jambes fléchirent et mon menton porta sur mes genoux ; ma langue qui se trouvoit entre mes dents, fut presque coupée et je perdis beaucoup de sang. Nous nous gardames bien d'entrer par la porte Saint-Quentin dans la ville de Ham ; nous tournames la ville en nous dirigeant vers le bois d'Etouilly et il étoit déjà nuit lorsque nous gagnâmes la route de Paris » (*).

Jacques-Rigomer Bazin, homme de lettres, arrêté pour n'avoir pas obéi à l'ordre qui l'éloignait de Paris. Il avait fait une vive opposition au Directoire, ensuite à l'Empire et il fut com-

(*) Extrait des pièces authentiques provenant de M. Hallouin, commandant du Fort de Ham.

pris dans la conspiration de Mallet. Malgré l'absence de preuves, il fut retenu à Ham jusqu'en 1814. Bazin tenta avec deux de ses compagnons une évasion semblable à la précédente. La corde, faite avec des draps de lit, se rompit sous le poids du dernier ; l'alarme fut donnée ; poursuivis et repris près de Brouchy, ils furent cruellement punis de leur tentative.

Adrien-Joseph, marquis d'Espinay Saint-Luc, comte germanique, général au service de l'Autriche, émigré non amnistié, rentré en France sans autorisation. D'Espinay et l'abbé de Briosne perdirent la raison pendant leur captivité. Ils furent transférés à Amiens dans une maison de santé en 1814.

Quelques Hollandais, prévenus de manœuvres frauduleuses, séditieuses, etc.

1813. — Jean-Marie Le Ridant, un des membres de la conjuration de Georges, entre une seconde fois dans le château de Ham ; John Campbell, général anglais, est détenu avec Lina Sassen, sa femme. Sa pension est portée par le duc de Rovigo à 200 francs par mois.

Le général westphalien, comte Hans de Hammerstein, prévenu d'intelligence avec l'ennemi.

Neuf officiers prussiens, pris en deçà de la ligne fixée par l'armistice et qui devaient, en exécution des ordres de l'Empereur, être considérés comme prisonniers d'Etat. Sept d'entr'eux tentèrent de s'évader, mais sans résultat. Les mesures les plus rigoureuses furent prises à leur égard.

Camerlingh, capitaine du génie hollandais, arrêté par mesure de sûreté.

1814. — Au mois de février de cette année les

prisonniers du château de Ham furent, par ordre de Savary, duc de Rovigo, transférés dans d'autres prisons.

Après la chute de l'Empire, le registre d'écrou fut clos, par suite de l'ordonnance du roi, du 11 mai 1814, portant la suppression de toutes les prisons d'État du royaume de France (*).

III. — Sous la Restauration

Travot (baron Jean-Pierre). Il avait servi sous Hoche en Vendée, et ce fut lui qui fit prisonnier le général Charette. Pendant les cent jours il fut chargé de maintenir les départements de l'Ouest. Il s'acquitta de cette tâche avec modération. Traduit devant un conseil de guerre après la seconde restauration, il fut condamné à mort [20 mars 1816]. Devant les protestations de l'opinion publique, le roi commua la peine en 20 années de détention. La raison de l'infortuné général s'altéra et il fut conduit à Ham dans un

(*) Sous l'Empire le service du château était fait par la garde départementale, sous les ordres d'un commandant. Les prisonniers étaient divisés en quatre quartiers. Les quatre guichetiers recevaient un traitement de 500 francs. Le médecin ordinaire touchait 1,000 francs. Le mobilier de la prison de Ham était calculé pour quarante prisonniers. Chaque détenu recevait 1.75 par jour, à la charge du ministère de la police générale, et, le jour de son départ, il apposait sa signature sur le grand registre et attestait avoir reçu tant... qui lui revenait sur sa masse. Les dépenses de la prison du château de Ham devaient s'élever à vingt-cinq mille francs environ par an.

état d'aliénation absolu [11 avril 1816]. Sa femme obtint sa grâce après deux ans d'instance, mais le baron Travot ne recouvra jamais la raison ; il mourut en 1836.

Le maréchal Moncey, duc de Conegliano, appelé, en août 1815, à présider le conseil de guerre chargé de juger le maréchal Ney, refusa de siéger. Il fut pour ce fait dépouillé de toutes ses dignités et condamné à trois mois de prison qu'il fit au fort de Ham.

Hugues, vicomte Duroys de Chaumareix, avait été mis à la tête de l'expédition du Sénégal en 1816. Revenu d'émigration et, n'ayant pas navigué depuis plus de vingt ans, il commit fautes sur fautes dans le commandement de *La Méduse* et vint donner à pleines voiles, le 2 juillet, sur le banc d'Arguin. Les détails de cet épouvantable naufrage sont trop populaires pour être relatés ici. M. de Chaumareix fut traduit devant un conseil de guerre, dégradé et condamné à trois ans de prison qu'il fit au château de Ham de 1817 à 1820.

IV. — Les Ministres — Cabrera

On connaît les difficultés qui surgirent entre la chambre et le roi dans les dernières années de la Restauration.

Les ministères se succédaient, ne satisfaisant personne. Sous l'inspiration de M. de Polignac, chef du cabinet, le roi publia le 26 juillet 1830 les funestes ordonnances qui abolissaient la liberté de la presse, annulaient les dernières élections et créaient un nouveau système électoral.

La royauté succomba au cri de : Vive la Charte ! et le peuple de Paris reprit l'habitude des émeutes, habitude dont il ne s'est pas défait depuis. Quatre des derniers ministres de Charles X furent arrêtés et traduits en jugement devant la Cour des Pairs. Devant un autre tribunal leurs têtes étaient bien compromises ; mais leurs anciens collègues eurent la sagesse de résister à la passion populaire et les condamnèrent à la prison perpétuelle le 21 décembre 1830.

On les transféra de Vincennes à Ham. Voici l'extrait du registre d'écrou qui les concerne. On verra que six ans après ils furent mis en liberté sur parole, sauf le prince de Polignac qui fut exilé.

De Polignac, Auguste-Jules-Armand-Marie, pair de France, ex-ministre des affaires étrangères et président du conseil des ministres, âgé de 50 ans, condamné à la peine de la déportation par arrêt de la cour des pairs du 21 décembre 1830, détenu à Ham par ordre du ministre Montalivet, en date du 28 décembre 1830 ; parti du château de Vincennes le 29 décembre 1830, à dix heures du soir, est arrivé à Ham le 30 décembre, à deux heures de l'après-midi. Parti le 29 novembre 1836 pour Calais, où il fut conduit par un officier de gendarmerie pour l'embarquer.

De Peyronnet, Pierre-Denis, 52 ans, pair de France, ex-ministre de l'intérieur, condamné à la peine de la prison perpétuelle par arrêt de la cour des pairs du 21 décembre 1830, détenu à Ham le 30 décembre 1830, mis en liberté le 21 octobre 1836, sur parole, pour se rendre à Monferrand (Gironde).

De Chantelauze, Jean-Claude-Balthazar Victor, ex-ministre de la justice, député, 43 ans, condamné par arrêt de la cour des pairs à la peine de la prison perpétuelle, entré à Ham le 30 décembre 1830, mis en liberté sur parole le 20 octobre 1836 pour aller dans le département de la Loire.

De Guernon-Ranville, Martial-Côme-Annibal-Perpétue-Magloire, 43 ans, ex-ministre de l'instruction publique, député de Maine-et-Loire, condamné à la peine de la prison perpétuelle par arrêt de la cour des pairs du 21 décembre 1830. Conduit à Ham le 30 décembre 1830. Mis en liberté sur parole le 14 novembre 1836 pour se rendre à Ranville (Calvados).

Les ministres, ainsi qu'on les appelait à Ham, occupaient les logements dont l'indication est donnée au verso du plan du pavillon B. Chaque appartement se composait d'un cabinet de travail et d'une chambre à coucher. Le dîner était servi dans une salle à manger commune ; le dimanche, la salle à manger se transformait en chapelle.

La captivité n'enleva à M. de Polignac rien de son égalité d'humeur. Il resta toujours le même, c'est-à-dire grand seigneur dans son maintien, dans ses discours, dans sa mise. Tous les matins sans exception, il faisait, autour de sa prison, une course rapide qui n'était nullement du goût des gardiens, obligés de le suivre.

Marie-Charlotte Parkins, sa deuxième femme, vint s'installer à Ham où son immense charité la rendit bientôt populaire. Deux fois pendant l'emprisonnement de son mari, elle quitta la ville de Ham pour aller faire ses couches en Angleterre, afin d'éviter à ses enfants les effets de la mort civile prononcée par le jugement de la Cour des Pairs (*).

M. de Peyronnet travaillait beaucoup. Blessé d'une réponse grossière que fit le commandant à une demande tendant à faire changer son heure de promenade, il refusa, pendant ses six années de détention, de quitter son appartement. Il avait inscrit au-dessus de sa cheminée cette devise bourguignonne : *Moult me tarde*. Le comte de Peyronnet composa à Ham son *Histoire des Francs* et publia dans le livre des Cent-et-Un quelques études intéressantes sur le château et plusieurs de ses prisonniers.

Voici un passage d'une lettre charmante que le comte envoyait en mai 1834 au directeur du *Musée des familles* qui lui demandait sa collaboration.

« ... Il y a plus de liberté dans l'étude, grâce à Dieu, que dans les affaires : il y a celle de l'esprit qui vaut mieux que toutes les autres et que les affaires ne laissent jamais. »

« Aussi, Monsieur, suis-je moins à plaindre ici qu'on ne pourrait croire, car je n'y ai guère fait qu'un échange de libertés et l'échange même n'a pas été désavantageux ; j'ai perdu la moindre et recouvré la meilleure. »

M. de Guernon consacrait tout son temps à l'étude des sciences mathématiques et physiques.

M. de Chantelauze se désolait et ne montrait pas la haute résignation de ses compagnons d'infortune. Son isolement en était cause. Une fois par an seulement, un frère qu'il chérissait venait passer trois mois dans la ville de Ham (**).

(*) M. Gomart.

(**) Nous tenons de bonne source que ce frère, peu satis-

La garnison se composait de deux compagnies d'élite et d'une compagnie d'artillerie. De 1830 à 1837, le commandant du fort fut le lieutenant-colonel Delpire, très brave officier de l'armée impériale, qui mourut en 1846, major de l'hôtel des Invalides.

CABRERA, ce fameux *cabecilla,* illustra son nom de bonne heure. Sa mère et ses trois sœurs ayant été égorgées par l'infâme Mina, il jura aux *christinos* une haine éternelle et, malheureusement pour sa gloire, il se vengea d'une manière atroce. La cause qu'il servait fut trahie, vendue, comme tant d'autres, par un homme vulgaire. Bien que la lutte fut sans issue, Cabrera ne l'abandonna pas et toutes les forces de l'Espagne eurent bien de la peine à lui faire franchir la frontière.

Le gouvernement français un peu embarrassé de son hôte, le fit enfermer à Ham par mesure politique. Il n'y resta que du 17 juillet au 9 août 1840 et fut transféré à Lille.

On sait ce qu'il est devenu depuis : comme tous les hommes qui se font banqueroute à eux-mêmes, don Ramon Cabrera, comte de Morella, est mort, en 1876, profondément oublié, je n'ose pas dire méprisé.

V. — Prince LOUIS-NAPOLÉON BONAPARTE

Le matin du 8 août 1840, une diligence de la-

---

fait de la façon d'agir du commandant du fort envers les prisonniers, lui fit des reproches violents, et la querelle se termina autrement que par des gros mots.

quelle descendirent un lieutenant et quinze ou seize gardes municipaux venant de Paris, s'arrêta aux portes du château de Ham. L'officier se présenta chez le commandant de place pour y aviser, de concert avec le garde du génie, du logement à affecter au prince Louis-Napoléon Bonaparte qui venait d'être arrêté à Boulogne.

Il fut convenu que Cabrera descendrait habiter la chambre n° 1 du rez-de-chaussée du pavillon B, et que l'on donnerait au prince qui devait arriver dans la nuit les deux chambres nos 7 et 9 du premier étage, comme étant plus convenables. Pendant la nuit du 8 au 9 arriva le prince dans une voiture escortée de dragons et attelée de quatre chevaux de poste. L'obscurité était si grande que l'on dut éclairer aux flambeaux les postillons pour leur permettre d'arriver sans encombre à la porte du pavillon B. Là, se trouvaient le général Feizthamel, commandant le département, le commandant de place, l'officier des gardes municipaux et le garde du génie. Un des municipaux arrivés le matin ouvrit la portière de la première voiture ; il en descendit deux sous-officiers, armés de leur carabine, ensuite le chef d'escadrons Delardenois commis à la garde particulière du prince, enfin le prince lui-même.

Louis-Napoléon était pâle et semblait résigné. Il était vêtu d'un pantalon et d'un paletot en coutil gris et coiffé d'une casquette de même étoffe. En entrant dans ses appartements il rappela assez vertement M. Delardenois aux devoirs de la politesse. Celui-ci affectait de l'appeler Monsieur Bonaparte et à cette question qu'il fit : Monsieur Louis-Bonaparte avez-vous besoin de quelque chose, le prince répondit : « Veuillez, je vous prie, me faire donner un verre d'eau seulement, mais je désire que vous me qualifiiez de mon titre, je suis prince français ».

La porte de la chambre fut fermée à clef, celle du corridor au verrou, et défense fut faite d'ouvrir, si ce n'est en présence de M. Delardenois.

Le 9 août, au matin, le prince fit demander un barbier et du tabac à fumer. Comme il témoignait le désir de se raser lui-même, le barbier répondit que défense lui avait été faite de laisser ses rasoirs entre les mains du prince. On poussa le ridicule jusqu'à vouloir lui apporter ses aliments coupés en petits morceaux. Cette mesure ne fut pas exécutée mais l'on donna au prince un couteau coupant fort peu et arrondi à l'extrémité.

Ce jour-là Louis-Napoléon, ramassant dans l'âtre de la cheminée quelques morceaux de braise, écrivit sur l'enduit badigeonné, à la partie supérieure de la cheminée de la deuxième chambre cette sentence, prouvant la foi qu'il avait en sa destinée :

« La cause napoléonienne est la cause des intérêts du peuple, c'est la cause européenne, tôt ou tard elle triomphera ».

A côté le prince écrivit encore :

« Parti de Folkestone, 4 août ».
« Arrivé devant Vimereux, le 5 août ».
« Débarqué à Boulogne, le 6 août ».
« A Boulogne, le 7 août ».
« A Ham, le 8 août ».

Le 11, vers deux heures de l'après-midi, une voiture bien escortée vint chercher le prince, le conduisit à Paris et il fut écroué à la Conciergerie dans la cellule de Fieschi, en attendant son jugement.

Il comparut le 28 septembre 1840 devant la

Cour des Pairs et dans un discours vraiment remarquable il exposa ses principes, ses droits, justifia ses partisans et récusa ses juges. Berryer, son défenseur, entraîna l'admiration frémissante de la Cour par un plaidoyer aussi audacieux qu'éloquent. Mais le fait de tentative à main armée appelait une répression sévère. Quand la Cour des Pairs rendit son jugement, Charles-Louis-Napoléon Bonaparte était condamné à une prison perpétuelle dans une forteresse, sur le territoire continental du royaume et quelque temps après les portes de la citadelle de Ham se fermaient sur lui. [7 octobre 1840].

Un arrêt de la même juridiction envoyait à Ham le docteur Henri Conneau et M. de Montholon, le compagnon de l'empereur à Sainte-Hélène, qui avaient partagé à Boulogne la mauvaise fortune du prétendant. Charles Thélin fut autorisé à se constituer volontairement prisonnier pour le service du prince.

Quelque temps après son second internement, une tentative d'évasion fut proposée au prince Louis. Des individus habillés en bourgeois, mais dont la démarche et la tenue trahissaient l'habitude de porter l'uniforme étaient venus le visiter et lui soumettre leurs plans.

Pour rendre la corruption moins facile le gouvernement avait cru devoir envoyer en garnison au fort deux détachements de deux corps différents ; mais, par un hasard qui n'en était pas un, le prince retrouvait à Ham les soldats du 46e, qui l'avaient acclamé à Strasbourg en 1836 et ceux du 42e, qui étaient à Boulogne en 1840. Quatre gardiens et quatre sergents veillaient sur sa personne. Or, le jour de la rentrée des cendres de Napoléon Ier, [14 décembre 1840] le prince n'avait qu'à ceindre son épée et sortir tranquillement de sa prison. Les sergents maintenaient les gardiens et le commandant Demarle restait consigné dans sa chambre. Des relais étaient préparés de Ham à Paris et nul doute que le prince, paraissant au milieu de cette apothéose du chef de sa famille n'eût, pour réussir, des chances plus sérieuses qu'aux échauffourées de Strasbourg et de Boulogne. C'était très audacieux et ce pouvait être décisif. Le prince refusa.

Il charma sa captivité par l'étude. Six langues lui étaient familières, ses connaissances étaient variées, c'est autant qu'il en faut pour rendre supportables les heures de prison.

L'indication des appartements qu'il occupait se trouve au verso du plan du pavillon B. Ils étaient en très mauvais état. M. de Rémusat fit ouvrir un crédit de *600 francs* pour réparations urgentes. Les dépenses de table, réglées par M. Delardenois, s'élevaient à 7 francs par jour.

Les commencements furent assez difficiles et le prince eut souvent à se plaindre du peu de politesse de ses gardiens ; les soldats du fort qui lui portaient les armes étaient sévèrement punis. Il adressa en 1841 une protestation au roi sur les vexations auxquelles il était en but. Pour apprendre la résignation il avait écrit sur les murs de sa chambre cette maxime de Guizot : Pour les peuples comme pour les individus la souffrance n'est pas toujours perdue.

Excellent cavalier, Louis-Napoléon montait à cheval dans la cour du château, mais il renonça bientôt à cet exercice pour ne pas se donner en spectacle à la garnison. Il cultivait de ses mains un jardin perché sur la courtine où l'on put voir jusqu'après l'hiver de 1880 un if qu'il planta et qu'il entourait de soins tout particuliers.

Nous ignorons quelle était la fortune du prince

à cette époque mais le souvenir de sa charité s'est conservé dans le pays. Tous ceux qui l'approchèrent pendant sa captivité et lui témoignèrent de l'intérêt ne furent pas oubliés quand le prisonnier de Ham fut devenu empereur des Français.

Il écrivit à Ham son livre sur l'*Extinction du Paupérisme*, à propos duquel les ouvriers parisiens lui envoyèrent une lettre de félicitations ; l'*Analyse de la question des Sucres*, ouvrage qui dénote de sérieuses études spéciales ; une brochure intitulée : *Fragments historiques, 1688 et 1830*, où il combat le parallèle que M. Guizot a cherché à établir entre les révolutions de France et d'Angleterre ; des *Réflexions sur le Recrutement*, qui eurent l'approbation des sommités militaires ; enfin il élabora le plan de ses célèbres études sur l'artillerie. Il fit en outre paraître de nombreux articles dans quelques journaux avancés entre autres le *Progrès du Pas-de-Calais* et le *Précurseur de l'Ouest*.

Son temps était ainsi consacré à l'étude, à la conversation, à quelques exercices corporels et à des affaires de cœur que nous n'avons pas à raconter ici. L'idée d'une évasion s'était depuis longtemps fixée dans son esprit, mais pour éviter, en cas d'insuccès, et le ridicule et un surcroit de rigueurs il fallait une occasion et un prétexte. Au commencement de l'année 1846, le prisonnier demanda directement au roi l'autorisation de se rendre à Florence près de son vieux père, l'ancien roi de Hollande, qui était à toute extrémité, s'engageant sur l'honneur à revenir se constituer prisonnier. La garantie parut suffisante à Louis-Philippe mais les ministres n'en jugèrent pas ainsi et les conditions exigées ayant paru inacceptables au prince, il combina un projet d'évasion dont il fit part à MM. Thélin et Conneau qui l'approuvèrent et préparèrent soigneusement les moyens propres à le faire réussir.

Thélin, sortant librement, recevait la correspondance secrète du prince qui, passant par les mains du commandant du Fort, eût été ouverte, comme le comportait le règlement de la prison.

Le comte Orsi, un des fidèles de la cause napoléonienne était parvenu, non sans peine, à trouver cent cinquante mille francs prêtés, chose singulière, par le duc de Brunswick qui donnait alors dans le libéralisme.

L'argent et le prétexte c'était beaucoup, mais il fallait l'occasion et elle se présenta au mois de mai. Il fut mis à la disposition du commandant du Fort une somme assez insignifiante d'ailleurs, pour faire exécuter les réparations les plus urgentes dans le pavillon B. La surveillance, pour active qu'elle était à l'égard des visiteurs, se relâchait beaucoup dès qu'il s'agissait d'ouvriers venant de leur travail. Cela suggéra au prince l'idée de quitter sa prison sous un déguisement de manouvrier que Thélin se procura immédiatement. C'était un vêtement assez propre de menuisier mais, au dernier moment, quelques retouches au plâtre et à la poussière transformèrent le menuisier en maçon.

Tout était prêt pour le 23 mai ; précisément ce jour-là, sir Robert Peel et lady Cramford vinrent, munis d'une autorisation, visiter le prince auquel ils remirent, sur sa demande, le passeport d'un de leurs gens. Deux jours après, c'est-à-dire le 25, la lettre suivante fut adressée à

M. Tirmarche, curé de Ham, pour l'empêcher de venir au château :

« Ham, le 25 mai 1846.

« Monsieur le Doyen,

« Je voudrais bien que vous eussiez la bonté de remettre à demain ou après-demain la messe que vous vouliez célébrer aujourd'hui au château, car m'étant levé avec de vives douleurs, je suis obligé de prendre un bain pour les calmer ».

Vers six heures et demie du matin, les ouvriers qui réparaient les plafonds, peintures, boiseries du pavillon B, furent invités par Thélin à entrer dans la salle à manger pour boire l'eau-de-vie du matin.

Louis-Napoléon avait coupé sa barbe, il chausse de gros sabots, passe une chemise grossière, un pantalon de toile bleue, une roulière par dessus sa redingote, par dessus une blouse encore ; sous une perruque noire et une casquette sale il cache ses cheveux blonds, il rougit son visage pâle et, détachant par une idée superstitieuse la planche N de la petite bibliothèque, il la met sur son épaule dans l'intention de cacher son visage. Dans sa poche il glisse un poignard et deux lettres, deux talismans, une de sa mère, la reine Hortense, l'autre de son oncle, l'empereur.

Charles Thélin qui avait l'autorisation de se rendre à Saint-Quentin, remonte au premier étage, jette un manteau de voyage sur son bras, prend en laisse le petit chien du prince, *Ham*, et descend l'escalier. Il rencontre le maître-peintre qui barrait le passage en badigeonnant le mur, il l'engage à aller surveiller ses ouvriers.

Le prince suit son fidèle serviteur, mais aussitôt sorti de sa chambre il se trouve en face d'un ouvrier serrurier et il s'arrête ; le docteur Conneau l'encourage d'un mot prononcé à voix basse et le pousse assez brusquement dans l'escalier.

Entre temps Thélin prenait à part l'un des gardiens de service et, tout en lui faisant part de la maladie du prince, il réussissait à lui faire tourner le dos au passage. Au bas de l'escalier se trouvait le second gardien Dupin ; il se recule pour éviter une planche qu'un maçon dirige vers sa figure. Le faux maçon passe devant lui et derrière son camarade Issali, avec qui Thélin causait toujours, et le voilà dans la cour du fort. Il la traverse sous les yeux du lieutenant de garde et, laissant tomber la pipe qu'il tenait entre les dents, il se baisse pour en ramasser les morceaux. Arrivé devant le corps de garde, il prononce ce seul mot : « Porte ! » d'une voix assez rude ; la sentinelle hésite, mais cependant ouvre la grille sans difficulté.

Le garde du génie, M. Flajollot, examinait avec l'entrepreneur un mémoire quand le prince vint à passer sur le pont-levis ; la voie étant étroite il heurta M. Flajollot qui se retourna et fit à haute voix une remarque sur la tournure singulière de cet ouvrier mal appris. Plus loin, deux menuisiers arrivaient, le faux-maçon changea sa planche d'épaule et passa rapidement ; l'un des menuisiers allait interpeller ce compagnon qu'il ne connaissait pas, mais il s'écria tout à coup : Ah ! c'est Berthoud !

M. Thélin avait quitté le gardien Issali et suivait à vingt-cinq pas, retenant le petit chien *Ham* qui, voyant son maître en avant, tirait sa laisse à s'étrangler.

Thélin s'étant assuré que la direction prise

par le prince était la bonne alla chercher le cabriolet retenu par lui, la veille, chez le loueur Fontaine.

Aussitôt sorti du fort, grâce à un plan de Ham qu'il avait sur lui, le faux maçon tourna à gauche et suivit le rempart jusqu'à la porte Saint-Quentin ; il enfila le faubourg Saint-Sulpice, mais arrivé à l'angle des routes de Péronne et de Saint-Quentin, il s'arrêta embarrassé. Avisant une petite fille de quatorze ans qui ne pouvait avoir de soupçons, il lui demanda quelle était la route de Saint-Quentin — Suivez le pavé, répondit la petite. Arrivé au chemin de Villers le prince, inquiet ou fatigué, s'assit sur le revers d'un fossé et attendit. Enfin le cabriolet arriva ; Louis-Napoléon laissa là sa planche, sauta en voiture, prit les rênes et fit faire au cheval de louage près de 20 kilomètres en 55 minutes. A Roupy, il s'était débarrassé de son déguisement qu'un cantonnier ramassa mais dont il ne fit pas profit, car le tribunal de Péronne réclama, comme pièces à conviction, aussi bien la planche que les habits (*).

A Saint-Quentin, le prince gagna les devants à pied, sur la route de Cambrai, pendant que Thélin, se rendant chez Abric faisait atteler, et non sans peine, car il ne restait plus qu'une

(*) Dans les papiers secrets de la famille impériale, trouvés aux Tuileries, nous lisons, à la date du 29 avril, immédiatement au-dessous d'un envoi de cent napoléons (avec le change 2025 fr.) à M. Conneau :

Achat de f^{d} (foulard), 3 fr. ; une b^{e} (blouse), 5 fr. 25 ; idem, 3 fr. 75 ; un bou... (bourgeron), 3 fr. 50 ; un p^{on} (pantalon), 2 fr. 75 ; une ch.. (chemise), 5 fr. 75 ; tablier et cravate, 2 fr. 50, ... etc.

(Compte de M. Bure, intendant du prince.)

voiture dans la remise. Il rejoignit son maître, que l'impatience commencait à gagner. Le cocher à qui le valet de chambre avait promis de bonnes guides lança ses chevaux au grand trot dans la direction de Valenciennes. Là, le prince prit le train de Bruxelles et le lendemain à deux heures il s'embarquait à Ostende et passait en Angleterre.

Voici comment M. Conneau a rendu compte devant le tribunal de Péronne des faits qui suivirent le départ du prisonnier :

« Quand le prince fut parti, je pris toutes les mesures pour que ce départ fut connu le plus tard possible. A neuf heures, le commandant fit demander si le prince était visible ; je répondis que non, qu'il était souffrant. Puis, craignant que le commandant ne revînt plus tard, je descendis près de lui et lui dis que le prince venait de prendre un remède. Plus tard, j'envoyai un homme de peine nommé Delaplace chercher de l'huile de ricin. Vers midi ou une heure, le commandant revint encore. Je lui dis que le prince reposait ; il m'offrit son domestique en l'absence de Thélin, je le remerciai. Quand la chambre fut faite, Delaplace en sortit par la porte du cabinet sur le corridor ; j'avais fermé la porte ouvrant sur l'intérieur de la chambre. C'est alors que, dans l'espoir de tromper le commandant jusqu'au lendemain matin, je fis un mannequin avec un manteau qui était dans le cabinet du prince, et je formai la tête, que je coiffai avec le mouchoir dont il se coiffait habituellement la nuit. Mais cette précaution n'eut pas les suites que je désirais. Quand le commandant revint pour la troisième fois, vers 7 heures du soir, il était très animé ; il me dit : « On n'a pas vu le prince de la journée. S'il est si souffrant, faites votre rapport. Je veux voir le prince » J'allai dans sa chambre à coucher, je m'approchai du lit, et je revins en disant au commandant : « Le prince dort, il ne m'a pas répondu. » Le commandant, assis dans le salon, regardait toujours le lit. Il me dit : « Comment, Thélin n'est pas de retour ? toutes les diligences de Saint-Quentin sont cependant arrivées. — Il a pris un cabriolet, » lui répondis-je.

« Le commandant paraissait de plus en plus inquiet. Le tambour se fit entendre. « Cela va réveiller le prince, dit alors le commandant ; je crois qu'il s'est retourné dans son lit. » Il s'approcha du mannequin et me dit tout bas : « Il me semble que je ne l'entends pas respirer. » Je mis mon doigt sur la bouche en ayant l'air de dire : « Laissez-le donc dormir. » M. Demarle, hors de lui, porta alors sa main sur le lit ; il s'aperçut qu'il n'y avait qu'un mannequin ».

Le commandant se retourna vers le docteur Conneau :

— Que signifie cela, s'écria-t-il, suis-je l'objet d'une mystification ? Où est le prince ?

— Mon Dieu, monsieur, répondit Conneau, il est inutile de vous le cacher plus longtemps, le prince est parti.

— Parti ! Comment, où ?

— Vous m'excuserez, mais cela est mon secret.

— Quand, au moins ?

— Ce matin à sept heures.

— C'est bien, monsieur, rentrez chez vous.

Les ouvriers furent brusquement congédiés, on fouilla les casemates. Le lendemain, le Préfet de la Somme, le général Feizthamel et le Com-

PAVILLON DES PRISONNIERS

LÉGENDE

Nos DU PLAN	Les Ministres	Cabrera	Le Prince Louis - Napoléon	Bou-Maza	Députés Sous la République
1	De Guernon-Ranville	Il resta seul au Fort de Ham.	(Chapelle)	Il occupa toute la prison pendant sa captivité, notamment les nos 8 et 10 du plan.	Le Gal Lamoricière
2	De Chantelauze		Le Gal Montholon		Le Gal Changarnier
3	De Guernon-Ranville		(Salle de bains)		Baze, député
4	De Chantelauze		Le Gal Montholon		Le Gal Changarnier
5	(Corps-de-Garde)		(Corps-de-Garde)		(inoccupé)
6	(Serre)		(Serre)		d°
7	De Peyronnet		(Salon)		Le Gal Cavaignac
8	De Polignac		Conneau, médecin		Le Gal Bedeau
9	De Peyronnet		Chambre à coucher		Roger, du Nord, dép.
10	De Polignac		Thélin		Le Gal Le Flô
11	(Salle à manger)		(Salle à manger)		Le Colonel Charras
12	(Laboratoire)		(Laboratoire)		(inoccupé)

COUPE HORIZONTALE DE LA PRISON D'ÉTAT

Bâtiment B

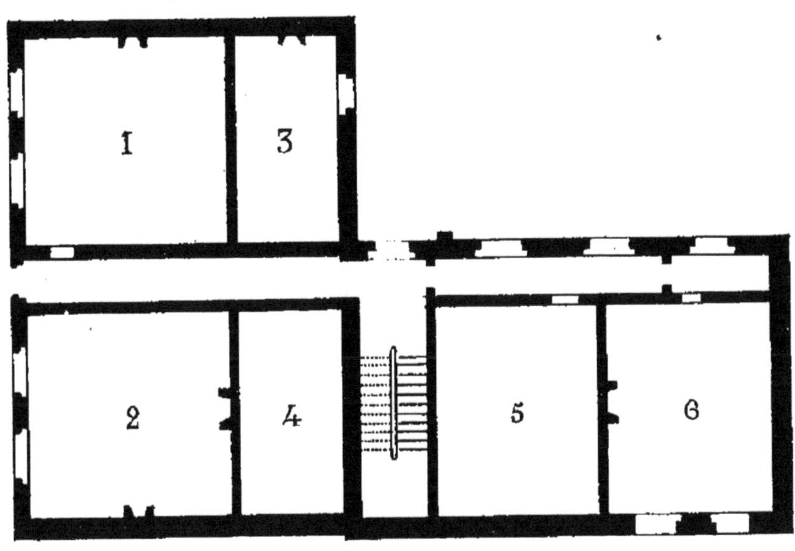

1er Etage.

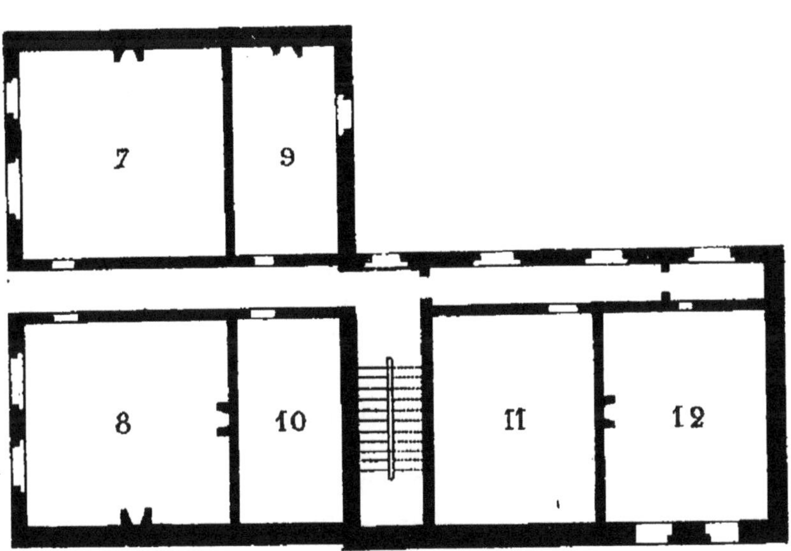

Rez-de Chaussée.

mandant de gendarmerie du département arrivaient en toute hâte. Le général manda le garde du génie, fit ouvrir les portes des souterrains, placer partout des gardes et prendre d'autres précautions parfaitement inutiles.

Il eut été malséant de déranger tant de monde pour rien : on arrêta M. Demarle et on lui fit son procès devant un tribunal civil ; il fut acquitté et le Prince-Président le dédommagea plus tard de ses ennuis en lui confiant le commandement de l'Elysée.

Le 15 juillet le docteur Conneau comparut devant le tribunal de Péronne et fut condamné à trois mois de prison.

M. de Montholon fut mis en liberté le 13 juillet 1846, remise du reste de sa peine lui ayant été accordée. Le prince s'excusa par lettre auprès de lui, de ne l'avoir pas prévenu de ses projets d'évasion ; c'est assez dire que la chose se fit secrètement quoiqu'on ait prétendu depuis.

VI. — Le Bou-Maza — Les prisonniers du 2 Décembre

En 1845, Mohammed-ben-Abdallah, qui est le nom, d'après les prophètes arabes, de l'homme qui doit être envoyé par Dieu pour délivrer l'Algérie commença à inquiéter notre colonie d'Afrique. Nos soldats et les arabes l'appelaient Bou-Maza et le comte de Castellane rapporte le récit d'un guerrier Sbéah qui donne la raison de ce surnom : « La jeunesse est son partage, disait l'arabe en parlant du schérif ; il possède la beauté, son regard commande. Son front est marqué d'une étoile. Ils disent que la prière est constamment dans sa bouche, la sainteté l'accompagne et le respect l'entoure. Plusieurs m'ont raconté que durant de longs mois il est demeuré chez une femme pauvre des Ouled-Iouness. Là, ses journées se passaient dans le Seigneur. Il priait et attendait. Le premier signe de sa puissance se montra sur une créature de Dieu. Une chèvre de la montagne devint sa servante, obéissante et soumise à son regard. Ceux qui le rencontraient alors en étaient surpris et l'appelaient le Bou-Maza *(père de la chèvre)* ».

En 1847, vivement pressé par nos troupes, il se rendit au colonel Leroy de Saint-Arnauld. Envoyé à Paris il fut bien traité, mais il voulut profiter de la révolution de 1848, pour s'échapper. Il fut arrêté à Brest au moment où il allait s'embarquer et écroué au château de Ham.

Quand le prince Louis-Napoléon vint à Ham, en juillet 1849, il donna au Bou-Maza la ville comme prison. Celui-ci se créa quelques relations, mais il conserva toujours de son origine un caractère sauvage, emporté, avare. Comme tous les nobles arabes il montait admirablement à cheval.

En 1854, M. Geoffroy de Villeneuve, député de l'Aisne, obtint de l'empereur pour le Bou-Maza la permission d'aller commander un corps irrégulier turc. L'empereur fit cadeau au schérif de ses armes, de son cheval et de son équipement. Cette grâce alla trouver l'arabe chez Gudin, le peintre de marine, où il recevait l'hospitalité. En l'apprenant il s'écria que « son plus grand bonheur serait de mourir pour la France et pour son chef. »

La dissolution de l'Assemblée législative qui porte dans l'histoire le nom de Coup d'Etat du Deux-Décembre, amena à Ham huit représentants du peuple :

Le général Cavaignac, le prédécesseur du prince Napoléon à la présidence de la République, fut arrêté à son domicile, emprisonné à Mazas, puis au château de Ham. Il fut rendu à la liberté un mois plus tard. Il demanda sa mise à la retraite et fut élu en 1852 et en 1857 au Corps législatif. Ayant refusé de prêter serment au régime nouveau il fut déclaré démissionnaire. Il est mort au Mans le 28 octobre 1857.

Le général La Moricière fut arrêté pour avoir été l'un des promoteurs de la fameuse loi des questeurs demandant pour l'assemblée le droit de requérir la force publique au cas où son existence serait menacée. Il fut expulsé par le décret du 9 janvier 1852. Son jeune fils étant mort subitement en novembre 1857, le gouvernement autorisa le général à rentrer en France. Il est mort au château de Prouzel près Amiens, en 1865.

Les généraux Le Flô et Changarnier, expulsés par le décret du 9 janvier 1852 gagnèrent, en quittant le fort de Ham, le premier, l'Angleterre, le second la Belgique.

Le lieutenant-colonel Charras enfermé à Ham, expulsé et conduit jusqu'à Bruxelles par la police française, fut rayé des contrôles de l'armée en 1852. Il fit paraître diverses publications savantes et mourut à Bâle en 1865.

M. Bedeau, rentra en France à l'amnistie de 1859, il vécut dans une retraite profonde et mourut à Vertou près de Nantes, en 1863.

M. Baze un des auteurs de la proposition des

questeurs, fut enfermé quelque temps à Ham et expulsé. Il refusa la grâce que son compatriote le poète Jasmin avait sollicitée pour lui. Après l'amnistie du 15 août 1859, il vint se fixer à Paris et reprit la profession d'avocat. Il a fait partie, après la guerre, de l'Assemblée nationale, où il fut, tout naturellement, nommé questeur.

Edouard, comte Roger (dit Roger du Nord) protesta vivement contre le coup d'Etat et fut pour ce fait enfermé à Ham. Il fut grâcié quelques jours après son internement. Il resta dans la retraite pendant l'empire et ne sortit de l'inaction qu'en 1870.

Cette nomenclature des prisonniers de Ham quoique bien longue est bien incomplète. Qu'on nous en pardonne la sécheresse ; nous avons voulu être brefs sans oublier cependant aucun prisonnier d'importance et expliquer, autant que faire se pouvait, la cause de la privation de leur liberté. C'est l'éternelle, philosophique et un peu décourageante histoire de gens qui ont eu tort le lendemain parce qu'ils avaient eu raison la veille !

BIBLIOGRAPHIE HAMOISE

Archives. — Les pièces les plus anciennes ont dû être anéanties pendant l'un des nombreux incendies de la ville ; le chartrier du château a été transporté en Flandre après le siège de 1557; enfin le 20 brumaire an 2, quantité de titres furent brûlés en place publique. Les archives sont donc moins riches qu'elles ne devraient l'être.

Elles ont été mises en ordre et cataloguées par M. Lucas, secrétaire de la mairie, qui, depuis 40 ans qu'il occupe ces fonctions, s'est attaché à réunir, avec le zèle et la curiosité d'un antiquaire tout ce qui se rattache à notre histoire locale. Les pièces les plus intéressantes sont les suivantes : *Concessions* et confirmations des octrois accordés à la ville par les rois Louis XII, François Ier, Henry II, Charles IX, Henry III, Louis XIV ; quelques sceaux et signatures ont été soustraits ;

Les ordonnances faites et renouvelées pour l'entretien du très noble jeu de l'arc, données par Robert Lamhart, de Noyon, en 1503 ;

registre de douze feuilles en parchemin avec couverture en cuir ;

Le *registre* aux délibérations, appelé *Livre rouge*, paraphé par Jean de Lusson le 15 novembre 1791 et clos et arrêté le 5e jour complémentaire an 9 par Foy.

La bibliographie hamoise est assez considérable comme on en pourra juger par le catalogue que nous avons dressé des ouvrages ayant un rapport direct avec l'histoire locale.

1. Discours véritable de la ville de Ham, deffaicte des Espagnols et réduction du chasteau en l'obéyssance du Roy. Lyon, Cl. Morillon. 1595.

Pet. in-8°, Pièce très rare.

2. La vie de saint Vaneng, confesseur, par le P. Christophe Labbé, à Paris chez Florentin et Pierre Delaulne MDCC.

Rareté bibliographique. La préface de cet ouvrage contient une *Histoire abrégée de Ham*.

« Par la pureté de son style, la *Vie de saint Vaneng* est vraiment digne du grand siècle ».

La vie de saint Vaneng. —

C'est l'ouvrage precédent réédité à Fécamp et précédé d'une notice historique par Michel Hardy, 1873.

3. Histoire de la sœur Malin, composée par M. Nicole, *et réfutée* par Jacques Villery. 1680.

Rareté bibliographique. La sœur Malin est la fondatrice du couvent de la Providence à Ham.

4. Le Loup dans la bergerie. — Réfutation du discours du curé constitutionnel de Ham. — 1792. — 32 pages.

Sans nom d'auteur ni d'imprimeur. Rare.

5. HAM, Août 1829. — Janvier 1834.

Le titre n'est pas justifié. C'est plutôt l'histoire de M. le prince de Polignac.

6. PARIS OU LE LIVRE DES CENT-ET-UN.

Tome VII. — *Ham*, par le comte de Peyronnet.

Tome IX. — *Dix heures au château de Ham*, par l'éditeur du livre des Cent-et-un.

7. LE CHATEAU DE HAM, notice historique, par C. de Lioux. Noyon 1840. — 30 pages.

8. LE CHATEAU DE HAM, son histoire, ses seigneurs, ses prisonniers, par J.-G. (Capo) de Feuillide. 3e édition. Paris 1842. — 343 pages.

9. LE PRISONNIER DE HAM, par Briffaut. Paris typographie de Plon frères, 1849.

10. NOTICE sur la Ville et le Château de Ham, par M. de la Fons, baron de Mélicocq. — 22 pages.

11. LE DÉPARTEMENT DE LA SOMME, ses monuments... etc., dessins par Duthoit, texte par Dusevel.

Ham, deux livraisons. Amiens 1850. — 32 pages.

12. EGLISES, châteaux, beffrois, etc... *Château de Ham*. Amiens 1862. — 30 pages.

13. NOTICE sur l'origine du château de Ham, par M. Ch. Gomart. — 23 pages.

14. LE CHATEAU DE HAM ET SES PRISONNIERS, par M. Ch. Gomart. A Paris chez Dumoulin. — 1853. — 26 pages.

15. Mélanges sur Ham et ses environs par M. Ch. Gomart. — 1862.

16. Ham, son Chateau et ses Prisonniers, par M. Ch. Gomart. Gravures, plans, fac-simile, etc. — 1864. — 372 pages.

Epuisé.

17. Histoire de l'arrondissement de Péronne, par M. P. Decagny. — *Canton de Ham*. — Péronne.

1re édition épuisée. La 2e édition de 1865 (2 vol. in-8o) a été presque entièrement détruite chez l'éditeur par l'incendie, pendant le bombardement de 1870. — Rare.

18. L'Invasion en Picardie, par Vindex, (arrondissement de Péronne). — Péronne 1872.

19. Collection Léon Paulet. — 24 vol. in-fol. manuscrits, donnés à la bibliothèque populaire de sa ville natale, en mémoire de l'auteur, né à Ham le 22 décembre 1817, mort à Nanterre le 23 septembre 1875.

Remarquable compilation comprenant tout ce qui touche à l'histoire de la ville de Ham et de ses environs.

20. Collection du Journal de Ham.

Depuis sa fondation le *Journal de Ham* a publié sous la rubrique Variétés un grand nombre de documents relatifs à l'histoire de Ham.

Il est, en outre, parlé de la ville de Ham et de son Château dans l'*Augusta Viromanduorum*, dans les *Mémoires du Vermandois*, par Colliette, en divers endroits des *Mémoires de la Société des Antiquaires de Picardie*, dans les revues *le Vermandois* et *la Picardie*, au tome II des *Voyages pittoresques et romantiques dans l'ancienne France* par J. Taylor, 1840, dans les ouvrages de Dusevel sur le *Département de la Somme*; etc.

APPENDICE

Le texte de cet ouvrage est conforme au manuscrit qui a été présenté en 1879 à la Société des Antiquaires de Picardie. Depuis cette époque, quelques changements sont survenus dans la ville moderne dont voici les principaux :

ECOLE COMMUNALE DES GARÇONS, p. 12.

Par une décision du Conseil municipal en date du 13 août 1879, les Frères des Ecoles Chrétiennes ont été expulsés et remplacés par un instituteur laïque. Les Frères ont installé *rue Marchande* une école libre, ce qui porte à trois le nombre des établissements d'éducation pour les garçons.

STATUE DU GÉNÉRAL FOY, p. 9.

L'inauguration de cette statue a eu lieu le 20 juillet 1879. On pourra consulter pour connaître les détails de cette cérémonie la *Notice biographique sur le général Foy*, par Elie Fleury.

ERRATA

Page	ligne	au lieu de	lisez
29	4	Vendosme	Vendôme
35	18	Rhomont	Romont
47	10	celles 1349	celles de 1349
76	6 et 29	commandataires	commendataires
—	33	commande	commende
87	8	CORDELIERS	CORDELIERS, ETC
89	— Titre de la gravure : Eglise de l'Abbaye et Logement des Religieux avant 1789.		
140	34	dangereux	dangereuse
185	25	il était en but	il était en butte

BIOGRAPHIES. — Une interposition a fait placer la biographie du général Foy avant celle de Vadé ; de même que le chapitre *Biographies* doit s'ouvrir par la notice sur les familles de Luxembourg et de Bourbon.

TABLE

MONUMENTS

BIOGRAPHIES

LE CHATEAU

LES PRISONNIERS

Ham. — Typ. E. Quentin.

montants de gueules.

Fleur de lys d'Or.

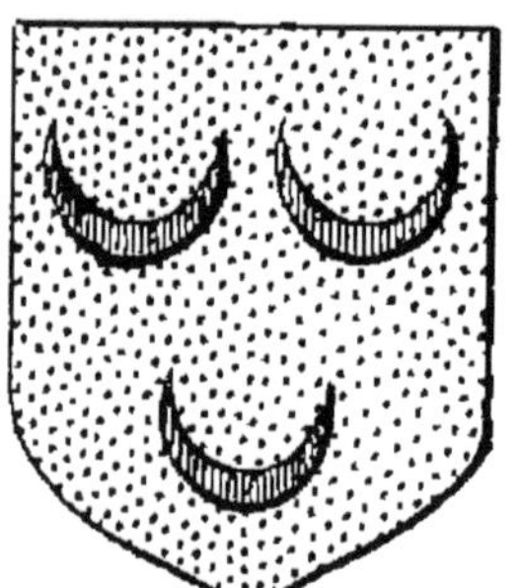

Armes des Seigneurs.

Armes de la Ville réunie à la Couronne

Armes de Ham
D'azur à trois croissants montants d'Argent

Armes du Château.

www.ingramcontent.com/pod-product-compliance
Ingram Content Group UK Ltd.
Pitfield, Milton Keynes, MK11 3LW, UK
UKHW012027240726
13965UKWH00002B/631

9 782013 445429